CARTAS DE AM♥R DE MULHERES NOTÁVEIS

Organizado por
Ursula Doyle

Romances protagonizados
pelas personalidades mais
influentes da história

Tradução
Doralice Lima

CIP-BRASIL. CATALOGAÇÃO-NA-FONTE
SINDICATO NACIONAL DOS EDITORES DE LIVROS, RJ.

C314

Cartas de amor de mulheres notáveis / organizado por Ursula Doyle;
tradução: Doralice Lima. - Rio de Janeiro: Best*Seller*, 2011.

Tradução de: Love letters of great women
Inclui bibliografia
ISBN 978-85-7684-491-4

1. Cartas de amor. I. Doyle, Ursula.

10-6644

CDD: 808.8693543
CDU: 82-6

Texto revisado segundo o novo Acordo Ortográfico da Língua Portuguesa.

TÍTULO ORIGINAL INGLÊS
Love letters of great women
Copyright © 2009 by Ursula Doyle
Copyright da tradução © 2011 by Editora Best Seller Ltda.

A seleção e os comentários são de autoria de Ursula Doyle.

As cartas que constam desta edição respeitam a
pontuação e a grafia dos documentos originais.

Primeira edição publicada em 2008 por MacMillan,
um selo da Pan MacMillan Ltd.

Capa: Elmo Rosa
Editoração eletrônica: Mari Taboada

Todos os direitos reservados. Proibida a reprodução,
no todo ou em parte, sem autorização prévia por escrito da editora,
sejam quais forem os meios empregados.

Direitos exclusivos de publicação em língua portuguesa para o Brasil
adquiridos pela
EDITORA BEST SELLER LTDA.
Rua Argentina, 171, parte, São Cristóvão
Rio de Janeiro, RJ — 20921-380
que se reserva a propriedade literária desta tradução

Impresso no Brasil
ISBN 978-85-7684-491-4

Seja um leitor preferencial Record.
Cadastre-se e receba informações sobre nossos lançamentos e nossas promoções.

Atendimento e venda direta ao leitor:
mdireto@record.com.br ou (21) 2585-2002

À memória de quatro mulheres notáveis:
AD e MIS; AD e ND

Sumário

9 Introdução

15 De Lady Joan Pelham para Sir John Pelham

17 De Margery Brews (Paston) para John Paston

21 De Catarina de Aragão para Henrique VIII

27 De Ana Bolena para Henrique VIII

33 Dorothy Osborne (Temple) para Sir William Temple

38 De Nell Gwyn para Lawrence Hyde (futuro conde de Rochester)

42 De Lady Mary Pierrepont (Lady Mary Wortley Montagu) para Edward Wortley Montagu

53 De Abigail Smith (Adams) para John Adams

62 De Manon Jeanne Philipon (madame Roland) para Léonard Buzot

66 De Maria Smythe (Sra. Fitzherbert) para o Príncipe Regente

71 De Mary Wollstonecraft para Gilbert Imlay

76 De Mary Wollstonecraft para William Godwin

77 De Marie-Josèphe-Rose Tascher de la Pagerie (imperatriz Josefina) para Napoleão Bonaparte

81 De Mary Hutchinson (Wordsworth) para William Wordsworth

86 De Maria Branwell (Brontë) para o reverendo Patrick Brontë

93 De Maria Bicknell (Constable) para John Constable

97 De Claire Clairmont para lorde Byron

101 De Jane Welsh (Carlyle) para Thomas Carlyle

107 De George Sand para Alfred de Musset

112 De George Sand para Pietro Pagello

115 De Clara Wieck (Schumann) para Robert Schumann

119 Da rainha Vitória para o príncipe Albert

123 Da rainha Vitória para o rei da Bélgica

125 De Emily Dickinson para Susan Gilbert (Dickinson)

131 De Isabella Mayson (Sra. Beeton) para Sam Beeton

136 De Mary Wyndham (Lady Elcho) para Arthur Balfour

141 De Edith Newbold Jones (Wharton) para W. Morton Fullerton

146 De Rosa Luxemburgo para Leo Jogiches

151 Da imperatriz Alexandra da Rússia para o czar Nicolau II

158 De Katherine Mansfield para John Middleton Murry

168 De Katherine Mansfield para a princesa Bibesco
(nascida Elizabeth Asquith)

170 Cartas da Grande Guerra

174 Bibliografia

175 Agradecimentos

Introdução

Quando *Cartas de amor de homens notáveis*, o antecessor deste livro, foi publicado, questionou-se se alguém ainda escreve cartas de amor. Parece haver consenso de que as comunicações instantâneas de hoje suplantaram as palavras no papel. Considerou-se ainda mais improvável que na atualidade um *homem* possa se dar o trabalho de escrever uma carta (e colocá-la no correio). No entanto, o que muitos pareciam lamentar (é preciso ressaltar que se tratava, principalmente, de mulheres) não era o fato de a mensagem de texto ou o e-mail terem substituído a carta de amor, mas o fim de uma era em que homens efetivamente falavam sobre sentimentos em vez de rosnar de cima do sofá. Havia uma fome de ler as expressões românticas (ou nem tanto) de vários homens da história, talvez não pelo que eles foram, mas porque esse tipo de manifestação é escasso em nossos dias — em qualquer meio.

Como escrevi na época, aquelas cartas variavam imensamente em estilo, sentimento e (lamento dizer) sinceridade. Às vezes, parecia que alguns daqueles homens notáveis escreviam com um olho na posteridade ou acreditavam que uma carta de amor era só mais um veículo para demonstrar o próprio gênio criativo. A preparação do presente título resultou numa experiência de leitura bem diferente. Para os homens notáveis da história, o objeto de amor, aquela com quem se casariam, era apenas um aspecto de suas vidas; a grandeza daqueles homens era fruto de suas realizações em outras esferas: descobrimentos científicos, exploração, conquista, triunfo político, expressão artística. Essas áreas de atuação só muito recentemente foram abertas para a maioria das mulheres. Lamentavelmente, a notabilidade de muitas das mulheres desta coletânea se deve àquele com quem foram casadas ou a quem deram à luz; essas cartas só foram preservadas graças à ligação das autoras com seus ilustres cônjuges ou descendentes. O destino de muitas das mulheres neste livro foi inteiramente determinado pelo casamento. Não posso, e naturalmente não quero, afirmar que as mulheres são mais sinceras que os homens ou menos capazes de dissimulação e hipocrisia. O fato é que as questões ligadas ao coração podiam alterar de forma inexorável o curso da vida de uma mulher, o que não aconteceria a um homem. É difícil imaginar que um homem eminente pudesse escrever palavras como as que, em 1712, Lady Mary Wortley Montagu enviou a seu amado antes de fugir para casar-se com ele, contrariando a vontade do pai: "Assusta-me o que estamos fazendo. Tens certeza de me amar para sempre? Será que nunca iremos nos arrepender? Tenho medo e tenho esperança." Para uma mulher, as consequências de uma imprudência, de uma escolha errada, eram simplesmente desastrosas.

É evidente que algumas das mulheres aqui reunidas desafiaram as convenções, desobedeceram à família e lutaram pelo controle das próprias vidas. No entanto, essas mulheres, em geral, eram excepcionalmente inteligentes, financeiramente independentes, ou ambos. O que não diminui em nada suas realizações. Apenas vale a pena observar que, para as mulheres, os obstáculos no caminho do sucesso eram quase insuperáveis. E, naturalmente, outras participantes desta coletânea foram ativamente estimuladas e ajudadas pelos homens maravilhosos com quem se casaram — os maridos de Abigail Adams e Isabella Beeton, por exemplo, parecem ter desejado de coração que elas alcançassem sucesso em todos os empreendimentos.

Temos também histórias tristes — não só de amores que terminaram mal, mas também de perigos e sofrimentos que as mulheres enfrentaram em inúmeros aspectos da vida: falta de poder, de instrução ou de independência econômica ou o risco de morrer no parto e a probabilidade de perder os filhos muito cedo. Os antibióticos e o voto mudaram tudo — pelo menos no mundo economicamente mais desenvolvido (vale a pena mencionar a terrível estatística da ONU — hoje, dos 536 mil óbitos anuais por complicações do parto, 99 por cento acontecem nos países menos desenvolvidos). Isso não nos autoriza a sentir que houve um grande progresso, mas às vezes é bom lembrar o quanto as mulheres avançaram desde que, em 1790, Mary Wollstonecraft escreveu seu ensaio *Vindication of the Rights of Women*.

Para mim, o que sobressai nesta coletânea é a força dessas mulheres diante de dificuldades aparentemente insuperáveis: a coragem, o estoicismo, o encanto, a sagacidade e a generosidade. Nesses escritos, o amor assume diversas formas: indulgente, equivocado, ambíguo, ambicioso, egocêntrico, erótico, casto, alucinado — mas sempre amor, um legado para se guardar com carinho.

URSULA DOYLE,

Londres, 2009

Eu costumava olhar para todas aquelas moças idiotas que se casavam com o primeiro homem com quem achavam que poderiam viver. Penso que eu esperava pelo homem sem o qual não pudesse viver.

NORA DOYLE, 1917-2007

Lady Joan Pelham

ESTA CARTA, DE 1399, foi escrita por Lady Pelham para o marido, Sir John, na residência do casal, o castelo de Pevensey, em East Sussex. Sir John Pelham viajara para ajudar Henry Bolingbroke a reunir tropas para a bem-sucedida tentativa de destronar Ricardo II. O castelo de Pevensey foi sitiado pelos inimigos do marido. Sem querer alarmá-lo, Lady Pelham pergunta-lhe se pretende voltar em breve.

Para Sir John Pelham, (15 de julho?) de 1399

Meu querido lorde,
Entrego-me a vossa nobre senhoria, de coração, de corpo e de todo o meu parco poder. E com tudo isso agradeço-te por seres meu estimado senhor, o mais querido e o mais amado de todos os lordes da Terra. Falo por mim e te agradeço, querido lorde, com tudo o que mencionei antes, pela reconfortante carta que mandaste de Pontefract e que me chegou no dia de Maria Madalena; por minha honra, nunca fiquei tão feliz como ao saber por tua carta

que estás bastante forte na Graça de Deus, que te protege da malícia de teus inimigos. Querido lorde, se a vossa nobre senhoria apraz, que eu possa, tão logo queiras, ouvir de tua generosa vontade, que Deus Todo-Poderoso proteja e aumente. E, meu caro lorde, se for do teu agrado saber como *eu* passo, estou aqui à espera do futuro, de certa forma mantida sitiada pelo condado de Sussex, por Surrey e por grande parte de Kent, de tal forma que não posso sair, nem víveres podem chegar a mim senão com grande dificuldade. Dessa forma, meu querido, se com a recomendação de teu nobre conselho assim o desejares, possas tomar providências pela salvação de teu castelo e fazer frente à hostilidade das regiões mencionadas. E também para que possas ser informado sobre os grandes malfeitores nesses distritos que agiram de forma tão malévola para contigo e para com teu castelo, teus homens e teus vassalos, pois há muito tempo vêm devastando estas terras.

Adeus, meu querido lorde! Que a Santíssima Trindade te proteja de teus inimigos e logo me envie boas notícias de ti. Escrita no castelo de Pevensey, em seguida ao dia de são Jacó, por tua pobre J. Pelham. A meu fiel lorde.

Margery Brews (Paston)
c. de 1428-?

No final da Idade Média, os Paston eram uma importante família de Norfolk que deixou um tesouro na forma de cartas que abrangem quatro gerações, pintando um retrato realista da vida de sua época. As missivas a seguir, escritas em 1476 por Margery Brews para John Paston, são consideradas por alguns as cartas de amor mais antigas no idioma inglês, mas na verdade são mais comerciais do que se percebe à primeira vista. Seu principal tópico é uma negociação sobre o valor do dote de Margery, que a família Paston considerou muito pequeno. Margery e John acabaram por se casar em 1477.

Para John Paston
De Topcroft, em fevereiro de 1476

Seja esta declaração entregue a meu verdadeiro e querido namorado, o cavalheiro John Paston.

Justo, respeitável e adorado, meu verdadeiro e querido namorado, entrego-me a ti, desejando de todo coração notícias de teu bem-estar, que imploro ao Todo-Poderoso preservar por muito tempo, segundo o prazer dEle e o desejo do teu coração.

E se for do teu agrado saber como passo, não gozo de boa saúde nem do corpo, nem do coração, nem a terei até receber notícias tuas.

> *Pois criatura alguma sabe da dor que suporto*
> *E mais nem sob pena de morte ouso revelar*

A senhora minha mãe diligentemente discutiu a questão com meu pai, mas não conseguiu senão aquilo que já é do teu conhecimento, razão pela qual Deus sabe que estou muito consternada. Porém, se me tiveres amor, como acredito piamente que tenhas, não me abandonarás; pois se tivesses metade dos recursos de que dispões, se me fosse necessário laborar mais que qualquer mulher nesta existência, eu não te deixaria.

> *E se ordenares que eu te seja fiel aonde vá,*
> *Na verdade farei tudo o que possa para amar-te e a ninguém mais.*
> *E se meus amigos disserem que ajo mal,*
> *Não me impedirão de atender-te,*
> *Meu coração eternamente pede que eu te ame*
> *Acima de todas as coisas terrenas,*
> *E se por isso eles ficarem zangados,*
> *Estou certa de que o futuro será melhor.*

Nada mais a dizer-te neste momento, que a Santíssima Trindade te proteja; e rogo-te que esta mensagem não seja vista por qualquer criatura, a não ser por ti.

Esta carta foi escrita em Topcroft, com o coração pesado,

Por tua

MARGERY BREWS

Para John Paston

Agradeço de todo coração pela carta que me enviaste... e me garantiu que pretendes vir... muito breve, sem qualquer outra missão ou negócios senão concluir a questão entre ti e meu pai. Serei a criatura viva mais feliz se esse negócio se realizar... E se vieres e o assunto não for concluído, ficarei ainda mais desconsolada e cheia de tristeza.

Da minha parte, Deus sabe que já fiz e suportei por conta desse assunto tudo o que sei ou de que sou capaz. E gostaria que entendesses claramente que meu pai se recusa a abrir mão para isso de mais que cem [libras] e cinquenta marcos, o que está longe de atender a teus desejos.

Por essa razão, se pudesses ficar satisfeito com tal quantia e minha pobre pessoa, eu seria a donzela mais feliz do mundo. E se não te consideras satisfeito com isso, ou acreditas poder conseguir mais dinheiro, como já me deste a entender antes, bem, sincero e carinhoso namorado, não te dês o trabalho de tornar a visitar-nos para tratar dessa questão. Pelo contrário, deixa que ela seja encerrada e que nela não se fale mais, para que eu possa ser tua amiga e suplicante fiel por toda a minha vida.

Sem mais a dizer-te no momento, que Jesus Todo-Poderoso te proteja de corpo e alma.

Catarina de Aragão
1485-1536

CATARINA DE ARAGÃO NASCEU no palácio de Alcalá de Henares, a nordeste de Madri, no dia 16 de dezembro de 1485, filha de Ferdinando de Aragão e Isabel de Castela. A rainha Isabel decidiu que as filhas deveriam receber uma boa instrução, baseada em princípios católicos. A proficiência de Catarina em latim, línguas europeias e literatura clássica era muito admirada. A princesa era extremamente religiosa.

Quando Catarina tinha apenas 2 anos, Henrique VII da Inglaterra pediu-lhe a mão em casamento para o filho mais velho, Arthur, príncipe de Gales, um ano mais novo que a noiva. Após negociações que duraram mais de dez anos, em outubro de 1501 a princesa chegou a Plymouth. O casamento de Catarina de Aragão com Arthur, príncipe de Gales, foi realizado na catedral de São Paulo em 14 de novembro do mesmo ano.

Em abril do ano seguinte, aos 15 anos, Arthur faleceu. Imediatamente, a Espanha expressou o interesse no casamento de Catarina com Henrique, o novo príncipe de Gales. De início, Henrique VII aquiesceu, mas as negociações se arrastaram por seis anos, na Inglaterra, na Espanha e em Roma — era necessária uma dispensa papal porque Henrique havia sido cunhado de Catarina. Esta permaneceu em Londres na condição de princesa viúva de Gales. Com saudade de casa e poucos recursos, Catarina frequentemente se queixava ao pai da parcimônia de Henrique VII. Em março de 1509, ela implorava permissão para voltar à Espanha e entrar para um convento. Henrique de Gales e Catarina finalmente se casaram, em junho de 1509. Algumas semanas depois, o príncipe ascendeu ao trono.

A duração do casamento — mais de 20 anos — muitas vezes é esquecida em função do que sucedeu; os cinco casamentos subsequentes de Henrique aconteceram a partir de 1533, ao longo de dez anos tumultuados. Aparentemente, o casal passou a maior parte da vida conjugal satisfeito, embora os diversos abortos e filhos natimortos de Catarina tenham cobrado um preço — a única sobrevivente dos filhos da rainha foi a princesa Mary, nascida em 1516. O mito popular vê Catarina como uma fanática religiosa, pesada de corpo e deprimida, com seus rosários, inglês precário e problemas ginecológicos pouco atraentes, porém há provas de que Henrique respeitava a esposa a ponto de deixá-la encarregada dos negócios de Estado quando se ausentava — apesar da convicção da rainha de que os deveres cristãos de uma esposa consistiam em obedecer ao marido em qualquer situação. A primeira carta a seguir foi escrita quando Henrique estava ausente, combatendo os franceses. Catarina conseguiu repelir uma invasão escocesa liderada por Jaime IV, que morreu no campo de batalha. Exultante, a rainha escreve ao marido sobre mandar-lhe o casaco do rei morto, dando a entender que teria preferido enviar o corpo, mas isso não seria bem-visto pelos melindrosos cortesãos ingleses.

O rompimento entre Henrique e Catarina foi mais complicado do que dão a entender os inúmeros relatos da ficção, nos quais a causa da separação foi a insatisfação de Henrique com a esposa envelhecida e a paixão do rei pela sedutora Ana Bolena. Se esses fatores foram relevantes, havia muitos outros, inclusive o declínio da importância de uma aliança com a Espanha e a obsessão de Henrique por um herdeiro do sexo masculino. No entanto, não há dúvida de que o tratamento dado a Catarina foi horrível. Ele a submeteu a um julgamento humilhante em que se questionava a consumação do casamento dela com o irmão dele. Depois da anulação do casamento, Catarina foi afastada da filha amada que ele fez proclamar como ilegítima.

Depois que Ana Bolena foi empossada como rainha, Catarina foi exilada na província, inicialmente em

Huntingdon e depois em Cambridgeshire. Ela se recusou a reconhecer o título de Ana, a aceitar o próprio título de princesa viúva e a assinar uma declaração reconhecendo os filhos de Ana como sucessores legítimos de Henrique. Catarina morreu em 1536, proclamando firmemente a validade de seu casamento com Henrique, a própria condição de rainha e seu contínuo amor pelo marido. A última carta que escreveu para ele, a segunda a seguir, é comovente: "Por fim, juro que meus olhos te desejam acima de todas as coisas." Henrique e Ana comemoraram a morte de Catarina vestindo-se de amarelo e exibindo na corte a princesa Elizabeth, a filha pequena do casal.

ॐ ॐ ॐ

Para Henrique VIII, 16 de setembro de 1513

Senhor, meu lorde Howard enviou-me dentro de uma das minhas cartas uma missiva aberta para Vossa Graça, pela qual podereis conhecer em detalhe a grande vitória que nosso lorde conferiu a vossos súditos em vossa ausência; por essa razão não há necessidade de perturbar Vossa Graça com uma longa missiva, mas é minha opinião que essa batalha foi para Vossa Graça e todo o vosso reino a maior honra possível e mais do que poderíeis obter em todo o reino da França; abençoado seja Deus por essa vitória, e estou certa de que Vossa Graça não deixará de agradecer-Lhe, o que fará com que vos sejam concedidas muitas outras grandes vitórias, como confio que Ele fará. Meu marido, por conta da pressa não pude encarregar Rougecross de levar para Vossa Graça o casaco do rei da Escócia, que mando agora, por John Glynn. Nisso verá Vossa Graça como mantenho minha promessa, enviando-vos o casaco de um rei para vossos estandartes. Pensei em mandar-vos o próprio rei, mas os corações de nossos ingleses não admitiriam que o fizesse. Teria sido melhor para ele ficar em paz do que receber tal recompensa. Tudo o que nos vem de Deus é para o bem.

Meu Henrique, o meu lorde de Surrey gostaria de saber qual é o vosso desejo para o funeral do corpo do rei da Escócia, pois para isso me escreveu. Que pelo próximo mensageiro seja por nós conhecida a vontade de Vossa Graça. E com isso encerro, pedindo a Deus que vos traga de volta ao lar muito breve, pois sem isso não é possível ter alegria; e pelo mesmo motivo rogo e me dirijo agora à Nossa Senhora de Walsingham, que há muito tempo prometi ver. Em Woburn, no dia 16 de setembro.

Com esta carta, mando-vos um recibo encontrado na bolsa de um escocês. O documento relaciona coisas que o rei da França mandou para o mencionado rei da Escócia para que fizesse guerra contra vós. Peço-vos que nos mandeis Mathew assim que este mensageiro chegar, para trazer-nos notícias de Vossa Graça.

Vossa humilde esposa e fiel servidora, Catarina.

Para Henrique VIII, 1535

Meu Senhor e Amado Marido,

Entrego-me a vós. A hora de minha morte se aproxima célere, e sendo essa minha situação, o terno amor que vos dedico me obriga a, em poucas palavras, lembrar-vos da saúde e salvaguarda de vossa alma, que deveis colocar acima de todas as questões terrenas e antes do cuidado e gratificação de vosso próprio corpo, pelo bem da qual causastes a mim muitas dores e a vós próprio muitas preocupações.

De minha parte, sim, perdoo-vos por tudo e peço devotadamente a Deus que Ele também vos perdoe.

No mais, entrego a vossos cuidados vossa filha Mary, suplicando que sejais para ela um bom pai, como sempre desejei. Peço também, em benefício de minhas servidoras, que concedeis a elas dotes matrimoniais, o que não é muito, pois são apenas três. Para todos os meus outros servos, solicito um ano de pagamento além do que lhes é devido, para que não fiquem sem recursos.

Por fim, juro que meus olhos vos desejam acima de todas as coisas.

Ana Bolena
c.1500-1536

ANA BOLENA (BOLEYN) ERA FILHA de Thomas Boleyn, conde de Ormonde, e Elizabeth Howard, filha de Thomas Howard, duque de Norfolk. Thomas Boleyn tinha uma ambição desmedida para os três filhos, dos quais Ana era a segunda. Quando aos 13 anos ela foi convidada para ser dama da corte de Margaret da Áustria, em Bruxelas, o pai considerou o convite uma oportunidade que não poderia ser perdida. A corte de Margaret era um das mais renomadas da Europa e poderia preparar Ana para o prêmio máximo, uma posição na corte de Catarina de Aragão. No entanto, pouco depois da chegada de Ana a Bruxelas, a situação diplomática mudou, e a jovem foi levada para a França, entrando para o serviço da rainha Claude. As duas se tornaram amigas, e Ana adquiriu maneiras e um encanto que foram percebidos imediatamente quando a jovem voltou para a corte inglesa, em 1521. Instruída, dotada de bom gosto, sagacidade e belas roupas, ela era completamente diferente de suas contemporâneas.

O próximo passo na vida de Ana seria o casamento, mas várias possibilidades não se concretizaram, possivelmente porque, aos olhos do pai da jovem, os pretendentes não eram bastante nobres. Dessa forma, em torno de 1526, Ana despertou o interesse de Henrique VIII. O rei estava em busca de uma nova amante, tendo acabado de dispensar os serviços de Mary, irmã de Ana. Também aconteceu que a necessidade de uma nova amante coincidiu com a crescente convicção do rei, dada a inexistência de um herdeiro do sexo masculino, de que seu casamento com Catarina nunca foi válido.

No decorrer dos seis anos seguintes, o casamento de Henrique e Catarina foi anulado e em seguida o rei casou-se com Ana. As consequências políticas e religiosas foram monumentais e acabaram por motivar o rompimento do rei com a Igreja de Roma e fundação da Igreja Anglicana. O casal finalmente contraiu núpcias, em janeiro de 1533, já com a noiva grávida; a princesa Elizabeth nasceu em 7 de setembro.

Para Ana, o fato de seu primeiro descendente ser uma menina não foi desastroso; ela ainda era jovem. Contudo, um aborto espontâneo em agosto de 1534 não foi de bom augúrio, e a rainha não tornou a engravidar até o outono de 1535. Em janeiro de 1536, morreu Catarina de Aragão, para grande alívio de Henrique e Ana, que sabiam o quanto o país apoiava Catarina e sua filha Mary. No entanto, a sensação de alívio teve pouca duração, já que, no final do mesmo mês, Ana tornou a abortar. Mesmo assim, a situação seria remediável se não fosse o desentendimento entre a rainha e o chanceler Thomas Cromwell, antes um aliado fundamental, e a derrocada de importantes negociações diplomáticas, prejudicadas pela insistência do rei para que os poderosos monarcas europeus reconhecessem a legitimidade de seu casamento com Ana.

A rainha precisava desaparecer, e Thomas Cromwell fez o necessário para isso. Um divórcio não seria suficiente; Ana e sua facção precisavam ser eliminadas permanentemente. Para isso, o chanceler elaborou uma seleção de acusações terríveis, imputando à rainha não só um relacionamento incestuoso com o irmão George, mas também adultério com quatro outros homens de seu círculo de conhecidos. Todos foram aprisionados na Torre de Londres.

Depois de julgamentos de legalidade contestável, George Boleyn e os outros acusados foram executados, em 17 de maio de 1536. Na mesma tarde, o arcebispo de Canterbury declarou nulo o casamento de Ana e Henrique, em consequência da associação prévia do rei com Mary Boleyn (o que nos leva a perguntar como Ana pôde cometer o alegado adultério se não era casada). Em 19 de maio, Ana foi executada na Torre Verde por um espadachim trazido da França para poupá-la de ser decapitada por um machado. Haviam se passado menos de seis meses da morte de Catarina de Aragão. No dia 30 de maio, Henrique casou-se com Jane Seymour, uma das damas da corte de Ana.

A próxima carta, datada de 6 de maio, só existe em cópia, portanto, sua autenticidade não foi comprovada.

Para Henrique VIII, 6 de maio de 1536

Senhor,
O desprazer de Vossa Graça e minha prisão são situações tão estranhas para mim que ignoro completamente o que devo escrever e de que devo me desculpar. Como vindes a mim (desejando que eu confesse uma verdade e dessa forma obtenha vossa boa vontade) por intermédio de alguém que sabeis ser de longa data meu inimigo confesso? Tão logo recebi dele esta mensagem, compreendi vossa intenção: se, como afirmais, confessar a verdade poderá de fato garantir minha segurança, cumprirei pronta e fielmente o dever que me impondes. No entanto, Vossa Graça jamais deve imaginar que vossa pobre esposa será convencida a admitir uma falta com relação à qual não abrigou sequer um pensamento, e, para falar a verdade, jamais um soberano teve uma esposa em todos os deveres e em toda a verdadeira afeição mais leal do que aquela que tivestes em Ana Bolena — nome e situação com que eu teria ficado voluntariamente satisfeita, se Deus e o prazer de Vossa Graça assim houvessem

desejado. Nem em qualquer momento a ascensão social ou a condição de rainha me fizeram esquecer quem sou, pois sempre vi essa mudança de situação tal como a vejo agora; pois, tendo a minha promoção sido amparada por nenhum fundamento mais seguro do que os desejos de Vossa Graça, sabia que a menor alteração seria bastante e suficiente para atrair esses desejos na direção de outro objeto.

Sendo eu de condição humilde, vós me escolhestes para ser vossa rainha e companheira, levando-me para muito além de minha situação árida e de meu desejo; se naquela ocasião me considerastes digna de tal honra, Vossa Bondosa Graça, não permitais que uma fantasia leviana ou um mau conselho de meus inimigos me roubem vossa nobre indulgência; nem permitais que o descrédito — esse imerecido descrédito —, plantado em Vossa Graça por um coração desleal, lance tão vil desonra sobre vossa dedicada esposa e sobre a princesinha vossa filha. Levai-me a julgamento, bondoso rei, mas fazei com que eu tenha um julgamento justo e não permitais que meus inimigos jurados sejam meus acusadores e juízes; sim, deixai-me ter um julgamento público, pois minha verdade não teme sofrer humilhação pública. Então vereis confirmada a minha inocência, apaziguadas as vossas suspeitas e a vossa consciência, derrotadas a ignomínia e a calúnia do mundo; ou, então, vereis minha culpa ser publicamente declarada, de modo que, qualquer que seja o destino que Deus e Vossa Graça me imponham, estareis livre de censura; e sendo meu crime provado legalmente, Vossa Graça poderá livremente, diante de Deus e dos homens, não só aplicar-me o castigo devido a uma esposa infiel, mas também manifestar a afeição já dedicada àquela pessoa em favor da qual me encontro agora onde estou, cujo nome já há algum tempo eu poderia ter indicado — estando Vossa Graça ciente de minhas suspeitas nesse sentido.

Entretanto, se já houverdes determinado meu destino e se não somente minha morte, mas também a calúnia infame devem conduzir-vos a vossa desejada felicidade, então espero que Deus vos perdoe este grande pecado e também perdoe a meus inimigos que o causaram; e que Ele não vos cobre contas pesadas pela forma cruel e indigna de um rei com que me tratastes, no Trono do Julgamento geral diante do qual eu e Vossa Graça logo deveremos comparecer; e por cujo julgamento justo, não tenho dúvidas (seja o que for que o mundo pense de mim), minha inocência será abertamente conhecida e absolvida.

Meu último e único pedido: que somente sobre mim recaia o peso do desprazer de Vossa Graça e que ele não atinja as almas inocentes daqueles pobres cavalheiros que, vim a saber, enfrentam as agruras da prisão por minha causa. Se alguma vez contei com o favor de Vossa Graça — se alguma vez o nome de Ana Bolena foi agradável a vossos ouvidos —, deixai que essa solicitação seja atendida; e dessa forma não mais incomodarei Vossa Graça, rogando fervorosamente à Trindade que vos proteja e dirija todas as vossas ações.

De meu triste cárcere na Torre, em 6 de maio,

Vossa esposa mais leal e fiel

A.B.

Dorothy Osborne (Temple)
1627-1695

DOROTHY OSBORNE PERTENCIA a uma família que se aliou ao partido monarquista durante a guerra civil inglesa; seu pai, Sir Peter Osborne, foi governador da ilha de Guernsey, no Canal da Mancha. No início da guerra civil, a mãe, Lady Dorothy, deixou a residência da família em Bedfordshire e levou os filhos para St. Malo, na França, para ficar mais perto do marido, que estava sitiado no castelo de Cornet, em Guernsey. Em 1644, tendo contraído dívidas para mandar provisões para Sir Peter, Lady Dorothy levou a família de volta à Inglaterra, passando a residir temporariamente na casa de seu irmão em Chelsea, já que Bedfordshire estava nas mãos das forças parlamentaristas. Dois dos irmãos de Dorothy morreram na guerra civil, o segundo em 1646, ano em que Sir Peter foi obrigado a se retirar de Guernsey, recuando para St. Malo. Foi ao viajar para a França em visita ao pai que Dorothy conheceu Sir William Temple, um jovem que estava embarcando em visita ao continente, tendo deixado a Universidade de Cambridge sem completar os estudos.

Seguiu-se uma corte longa e intermitente. O pai e os irmãos de Dorothy faziam uma oposição ferrenha ao casamento; as finanças dos Osborne haviam sido seriamente abaladas pela guerra, e eles esperavam que Dorothy conseguisse um marido rico. Em 1648, Sir William partiu mais uma vez para o continente, e, em 1651, depois que os namorados conseguiram se encontrar em Londres, a família de Dorothy voltou para Bedfordshire. Lá, a moça foi apresentada a uma série infinita de jovens, todos rejeitados por ela. Nessa época, teve início uma intensa correspondência entre os namorados; sobrevivem 77 cartas de Dorothy para Sir William (ela destruiu todas as cartas que recebeu dele, menos uma). A moça precisava iludir a vigilância implacável do irmão, Henry, e as cartas eram contrabandeadas para fora da casa. Dorothy e William se casaram em 1654, após a morte do pai da jovem, embora a família dela não tenha deixado de fazer oposição. Um mês antes do casamento, Dorothy foi vítima de uma crise desfigurante e quase fatal de varíola.

A primeira residência do casal foi na Irlanda, onde nasceram oito ou nove filhos (pelo menos seis morreram na primeira infância, mas os registros não são confiáveis). Em 1665, Sir William foi nomeado embaixador na Holanda, onde a família permaneceu até 1671. Dorothy e Sir William desempenharam um papel secundário na intermediação do casamento de Mary Stuart, a filha do duque de York, com Guilherme de Orange. Esse casal reinou sobre a Inglaterra, a Escócia e a Irlanda a partir de 1689. Dorothy e Mary permaneceram amigas e confidentes até a morte última, em 1694.

Dorothy morreu em 1695, em Moor Park, uma propriedade rural em Surrey, comprada por Sir William para residir ao se aposentar. Ela foi enterrada na abadia de Westminster. Suas cartas alegres e espirituosas foram publicadas em várias edições desde 1836, época em que se consolidou a reputação literária da autora.

Para Sir William Temple, sem data

Muitos ingredientes devem contribuir para que um marido seja do meu agrado. Para começar, como diz meu primo Franklin, nossos temperamentos precisam estar em harmonia; para tanto, o cavalheiro deve ter sido criado como eu fui e estar habituado ao mesmo tipo de sociedade. Ou seja, ele não pode ser um proprietário rural que não entenda de outra coisa senão de falcões e cães, gostando deles mais do que da própria esposa; nem ser daquele outro tipo cujos ideais não vão além de se tornar juiz de paz e, uma vez na vida, receber uma alta delegação da Coroa, ler unicamente os códigos legais e só estudar a melhor forma de fazer um discurso recheado de latim que possa assombrar seus pobres vizinhos dissidentes e reduzi-los ao silêncio pelo medo e não pela persuasão. Ele não pode ter começado a vida numa escola pública e ter sido mandado daí para a universidade, atingindo o ápice da carreira quando entra para uma associação de advogados e não tendo outros conhecidos senão seus semelhantes nesses lugares, falar um francês aprendido em leis arcaicas e só admirar as histórias que escuta sobre as festividades que aconteceram ali antes que ele chegasse. Ele também não pode ser um conquistador que vive nas tabernas, nem ser uma criatura vulgar, incapaz de passar uma hora sem companhia a não ser dormindo, cortejar todas as mulheres que vê, pensar que elas o levam a sério, rir-se dos outros e ser igualmente alvo de chacota. Nem ser um *monsieur* habituado às viagens, cuja cabeça é cheia de plumas por dentro e por fora, sem outro assunto senão danças e duetos e com coragem bastante para usar roupas com fendas decorativas quando todo mundo morre de frio só de vê-lo. Ele não deve ser nenhum tipo de idiota, nem rabugento, mal-humorado, orgulhoso ou insaciável; e a todas essas condições é preciso acrescentar: ele deve me amar e eu a ele, tanto quanto formos capazes de amar. Sem isso, sua fortuna, mesmo grande, não me traria satisfação; com isso, uma fortuna muito moderada bastaria para que eu nunca me arrependesse desse arranjo.

Para Sir William Temple, sem data

Estou certa de que ficarás feliz ao saber como gosto de teu cacho de cabelos. Bem, agora sinceramente e deixando de lado qualquer lisonja, jamais vi um cabelo mais bonito, nem de uma cor tão bela; mas não tornes a cortá-lo, não me agradaria nem um pouco se o estragasses. Se me amas, tem o cuidado de não fazê-lo. Passo o dia inteiro penteando, cacheando e beijando essa mecha e a noite toda sonhando com ela. O anel também é muito bonito, apenas um pouco grande. Manda-me um de tartaruga, um pouco menor do que aquele que enviei como medida. Eu não consideraria absolutamente certa e sem exceção a regra de que cabelos ásperos denotam mau humor, pois esse seria o meu caso. Mas posso admitir que todos os que têm cabelos macios são boas pessoas, o que és, ou estarei tão enganada quanto estarás se pensares que não te amo bastante. Diz-me, meu querido, estou? Tu não o estarás se pensares que sou

TUA.

 *Nell Gwyn*
1651?-1687

NELL GWYN É A MAIS FAMOSA das (inúmeras) amantes do rei Carlos II. Sabe-se muito pouco do início da vida dela, embora seus detratores tenham divulgado histórias de que ela foi peixeira, varredora de cinzas ou criada de bordel. A maioria acredita que Nell começou a vida em 1663, vendendo laranjas no teatro. Samuel Pepys a viu pela primeira vez em dezembro de 1666, como atriz do Teatro Real, em Drury Lane.

Antes e depois de conhecer o rei, Nell manteve casos de amor com mais de um aristocrata (a carta a seguir é dirigida a Lawrence Hyde, mais tarde conde de Rochester, que em maio e junho de 1678 estava em The Hague, na Holanda, em missão diplomática). Nell tornou-se amante de Carlos II em 1668 ou 1669 e deu-lhe um filho, Charles, em maio de 1670. Naquele verão, foi alugada para ela uma mansão em Pall Mall ("pel mel"), em reconhecimento à sua condição de amante (infelizmente, não a única) do rei, e um segundo filho, James, nasceu naquele endereço em 1671. Nell usou de toda a influência possível para conseguir títulos para os filhos.

Em 1676, Charles recebeu o sobrenome Beauclerk e foi nomeado barão Heddington e conde de Burford.

Nell contava com amigos influentes na corte, mas também possuía inimigos que não escondiam o desprezo por sua origem humilde, ocupação pregressa questionável, exuberância e falta de traquejo social. Sua maior inimiga era a outra amante do rei, Louise de Kéroualle, duquesa de Portsmouth, que era francesa, católica e muito impopular. Conta-se que a carruagem de Nell foi cercada por uma multidão furiosa que a confundiu com a duquesa; os manifestantes só se acalmaram quando ela esticou a cabeça para fora da janela e anunciou alegremente: "Gente, por favor, calma! Eu sou a prostituta protestante."

Carlos II morreu em 1685; diz-se que suas últimas palavras foram: "Não deixem a coitada da Nelly passar fome." O sucessor do rei, Jaime II, deu a ela uma pensão generosa. Nell morreu em Pall Mall, em 1687. Comprovando sua reputação de caridosa, ela deixou 100 libras para os devedores de sua paróquia e 20 libras por ano para tirar devedores da prisão todo dia de Natal. Deixou ainda 50 libras para os católicos pobres "para mostrar minha caridade com os de outra religião". Em suas memórias, o bispo e historiador Gilbert Burnet descreveu Nell como "a criatura mais indiscreta e desinibida que passou pela corte", o que pode explicar a longevidade de seu relacionamento com um rei famoso por gostar de se divertir.

Para Lawrence Hyde, c. 1678*

Caro Sr. Hide, por favor, me desculpa por não iscrever para ti antes por que a razão é que passei treis meses doente e depois que fiquei boa não tinha nada para ti divertir e agora só tenho para iscrever que não poço ficar mais tempo sem dizer-te que quando estou com amigos nunca deicho de brindar a tua saúde por que ti amo com toda a minha auma. O pel mel agora é um lugar triste pra mim depois que perdi completamente o Sr. Car Scrope [Sir Carr Scrope, um amigo espirituoso de Carlos II] para não ter nunca mais, pois que ele me disse que não pode passar a vida daquele geito e começou a ser um pouco groçeiro, o que eu não podia aceitar de um *baux garscon*** tão feio. A senhora mãe da Sra. Knights [uma cantora que competia com Nell pela afeição de Carlos II] morreu e ela arranjou um brasão menor que o brasão de Lady Grins. Meu lorde Rochester [John Wilmot, o malicioso poeta que morreu dois anos depois] foi pru campo. O Sr. Savil [Henry Savi-

---
* Esta carta possuiu erros ortográficos no original que foram reproduzidos na tradução. [N. da E.]
** O termo *beau garçon* no francês significa dândi, homem excessivamente preocupado com a aparência. [N. da T.]

le, futuro vice-chanceler] teve uma dificudade, mas istá se recuperando e vai casar com uma erdeira e eu penço que não vai ter um mal pedaçu se ele ficar com o polegar para cima. Meu lorde de Dorset [um antigo protetor de Nell] parece pior em treis meses, por que ele passa o dia todo na casa do duque bebendo cerveja com Shadwell [Thomas Shadwell, poeta e mais um amigo íntimo de Carlos II] e o Sr. Harris [Joseph Harris, ator]. Lorde Burford [o filho de Nell com o rei] se coloca a teu dispor. Meu senhor Bauclaire [Beauclerk, segundo filho de Nell com o rei] está indo para a frança. Nós vamo jantar com o rei em whithall e com a Lady Harvie. O rei se recomenda a ti. Agora vamos falar de negócios de estado, porque nunca fizemos as coisa com tanta espertesa como agora porque não sabemos se vai ter paz ou guerra, mas eu sou pela guerra só porque assim tu pode voltar para casa. Eu tenho mil ideias mas não consigo fazer ela continua a iscrever [Nell provavelmente está ditando essa carta e "ela" se refere à pessoa que escreve, embora a qualidade da ortografia e da gramática indiquem que talvez tivesse sido aconselhável procurar outra secretária] e porisso tu deves tomar o dito pelo feito. A deus. Tua mais amoroza, obidiente, fiel e umilde servidora E. [Eleanor] G.

Lady Mary Pierrepont
(Lady Mary Wortley Montagu)
1689-1762

MARY PIERREPONT ERA A FILHA MAIS VELHA de Evelyn Pierrepont, que depois se tornou o primeiro duque de Kingston-upon-Hull, e de Lady Mary Feilding. A mãe morreu em 1692, tendo dado à luz mais três filhos. Os irmãos foram criados pela avó paterna. Quando Mary tinha 9 anos, a avó morreu, e as crianças passaram a ficar sob os cuidados do pai. Anos mais tarde, Mary dizia que "roubou" sua instrução da biblioteca de Thoresby Hall, a mansão do pai em Nottinghamshire.

Uma das melhores amigas de Mary na juventude foi Anne Wortley, com quem ela regularmente se correspondia. Quando Anne morreu, em 1710, o irmão da amiga, Edward Wortley Montagu, assumiu a correspondência e logo pediu a Evelyn Pierrepont a mão de Mary. A permissão não foi concedida porque Pierrepont fazia questão de que todos os bens de Wortley Montagu fossem deixados em herança para um hipotético primogênito, prática que desagradava profundamente a Edward.

Em agosto de 1712, como o pai de Mary pressionasse cada vez mais a moça para que se casasse com um pretendente de nome ridículo, Clotworthy Skeffington, herdeiro de um título de nobreza irlandês, Edward e Mary fugiram juntos. Eles se casaram em 23 de agosto de 1712. As cartas a seguir datam do período da fuga para o casamento. É perceptível a ansiedade de Mary com o passo que vai dar. Pelo resto da vida ela permaneceu profundamente grata ao marido por tê-la desposado sem dote.

Nos dois primeiros anos do casamento, o casal viveu no campo. Em maio de 1713, Mary teve um filho, também chamado Edward. Ela já escrevia poemas e críticas e se tornou a primeira mulher a ter uma colaboração aceita pela revista *Spectator*. Em maio 1715, a família mudou-se para Londres, e eles se tornaram figuras importantes na corte de George I. Mary fez amizade com políticos e literatos, inclusive John Gay e Alexander Pope, que se apaixonou por ela. Em dezembro daquele ano, ela contraiu varíola, tendo sobrevivido por pouco e ficado permanentemente desfigurada.

Em agosto de 1716, Edward Wortley Montagu foi nomeado para um cargo diplomático em Constantinopla, na Turquia. O casal viajou por terra numa jornada que durou mais ou menos seis meses; Mary escreveu várias cartas relatando essa aventura espantosa e guardou cópias na intenção de editá-las em um livro. Na Turquia, ela mergulhou na literatura, cultura, nos costumes e na religião do país, até que, em julho de 1718, o marido foi inesperadamente chamado de volta a Londres, seis meses depois de Mary ter uma filha.

De volta à Inglaterra, tendo negócios frequentes em Yorkshire, Edward comprou casas em Twickenham e Covent Garden, onde Mary passava a maior parte do tempo escrevendo, fazendo jardinagem e supervisionando a educação da filha. Ela também escreveu uma série de poemas sobre a opressão sofrida pelas mulheres e editou as cartas de viagem. Mary deu início a um conflito feroz com seu antigo amigo e admirador Alexander Pope, sendo desconhecido o motivo do desentendimento. Nesse período, o ato mais importante de Mary, de consequências duradouras, foi apresentar à Inglaterra a vacina contra a varíola, que conheceu na Turquia, onde era comum a prática da vacinação com vírus ativo. Enquanto vivia naquele país, ela fez vacinar o filho. Em 1721, diante de uma epidemia da doença na Inglaterra, ela convenceu um médico a vacinar-lhe a filha. Logo, muitos de seus conhecidos que haviam perdido parentes vítimas da doença começaram a fazer vacinar os filhos, e a prática tornou-se amplamente divulgada e infinitamente polêmica. A campanha de Mary em favor da vacinação fez com que os jornais e até mesmo alguns religiosos a considerassem uma mãe desnaturada que arriscava a vida dos filhos para provar uma teoria louca, mas ela ficou firme e estimulou outras mães a vacinar os filhos contra a doença que quase lhe custa a vida.

A partir dessa época, Mary viveu praticamente separada do marido. Em 1736, ela se apaixonou por um jovem e talentoso escritor veneziano, Francesco Algarotti, e viajou para a Itália na esperança de manter com ele uma relação conjugal. Nos anos seguintes, seus movimentos foram ditados pelos dele. Mary morou em Roma, Nápoles, Florença, Veneza e Turim; ela também passou quatro anos em Avignon e dez anos na província veneziana de Brescia, onde foi praticamente mantida em cativeiro por um bandido de alta classe chamado Ugolino Palazzi, que lhe roubou todas as joias e os títulos das propriedades que havia comprado. Quando voltou a Londres, em 1762, Mary havia passado no continente quase trinta anos; em agosto do mesmo ano, morreu em Mayfair, e foi sepultada na capela Grosvenor, em South Audley Street.

Sem dúvida, Lady Mary Wortley Montagu tinha as qualidades para se tornar uma grande escritora, mas seus trabalhos foram tão diversificados — cartas, diários, polêmicas, peças, poemas, ensaios — e espalhados por tantos lugares que sua avaliação ainda está longe de ser completada.

ॐ ॐ ॐ

Para Edward Wortley Montagu, em 25 de abril de 1710

Recebi, neste minuto, tuas duas cartas. Não sei para onde responder, se para Londres ou para o campo. É muito provável que nunca recebas esta missiva. Corro um grande risco se ela cair em mãos de outra pessoa, mas mesmo assim te escrevo.

Desejaria de todo coração pensar como pensas; procuro me deixar convencer por teus argumentos e lamento que minha razão seja tão obstinada e não possa ser dissuadida da opinião de que é impossível a um homem apreciar uma mulher. Julgo que então ficaria à vontade com o que pensas de mim. Deveria agradecer-te pela inteligência e beleza que me proporcionas, em vez de me zangar com as bobagens e fraquezas; no entanto, para minha infinita aflição, não creio numas ou nas outras.

Uma parte do meu caráter não é tão boa, nem a outra tão má quanto julgas. Se algum dia vivêssemos juntos, terias uma decepção nos dois casos: descobririas uma cômoda equanimidade de temperamento que não esperas e milhares de defeitos que não imaginas.

Tu pensas que, se te casasses comigo, eu seria apaixonada por ti em um mês e por outro no mês seguinte. Nada disso iria acontecer. Sou capaz de sentir estima, de ser amiga, mas não sei se posso amar. Espera de mim tudo de agradável e fácil, mas nunca o amor. Fazes um juízo muito errado do meu coração quando me supões capaz de atitudes interesseiras e imaginas que algo possa me obrigar a lisonjear alguém.

Ainda que eu fosse a criatura mais pobre do mundo, responderia como respondo agora, sem aumentar nem diminuir, pois sou incapaz de tais artifícios. Se me iludisse um minuto sequer, jamais recuperaria meu bom conceito, e quem pode viver com alguém a quem despreza?

Se puderes decidir-te a viver com uma companheira em quem terás toda a deferência que tua superioridade e teu bom-senso merecem e se tuas propostas puderem ser agradáveis àqueles de quem dependo, não tenho nada a dizer contra elas.

Quanto a viagens, são algo que faria com o maior prazer. Poderia facilmente deixar Londres por tua causa, mas um retiro no campo não me seria desagradável e sei que alguns meses dele te seriam enfadonhos. Quando as pessoas se unem para toda a vida, é de mútuo interesse não se cansarem um do outro. Mesmo que eu tivesse todos os encantos pessoais que me faltam, um rosto é uma base muito precária para a felicidade. Logo estarias cansado de ver diariamente o mesmo objeto se nele não encontrasses mais nada. Terias tempo de sobra para observar todos os defeitos, cuja proporção aumentaria à medida que diminuísse a novidade, sempre motivo de grande encanto. Eu teria o desprazer de perceber uma indiferença pela qual não seria razoável censurar-te, por ser involuntária, mas que me deixaria constrangida, ainda mais porque, como sei, um amor que a ausência, a inconstância e a infidelidade extinguiram pode ser revivido, mas não há como reverter uma aversão causada pela saciedade.

Não me agradaria viver em meio a uma multidão. Ficaria bastante satisfeita em viver em Londres sem muita vida social ou vendo apenas oito ou nove pessoas agradáveis. As acomodações, o passadio etc. são questões que nunca me vêm à cabeça. Mas nunca pensarei em nada que não tenha a aprovação de minha família. Aconselho-te a não aspirar a uma felicidade em total solidão, que descobririas ser apenas uma fantasia.

Não respondas a esta carta. Se puderes gostar de mim nos meus próprios termos, não é a mim que deves fazer tua proposta. Caso contrário, qual seria o propósito de nossa correspondência?

No entanto, preserva tua amizade por mim, que vejo com muito prazer e alguma vaidade. Tenho a pretensão de pensar que se algum dia me visses casada, observarias uma conduta que não lamentarias ver imitada por tua esposa.

Para Edward Wortley Montagu, sexta-feira à noite,
15 de agosto de 1712

Assusta-me o que estamos fazendo. Tens certeza de me amar para sempre? Será que nunca nos arrependeremos? Tenho medo e tenho esperança. Prevejo tudo o que irá acontecer nessa ocasião. Estarei causando à minha família o mais alto grau de desgosto. O mundo em geral censurará minha conduta, e os parentes e amigos de ------ inventarão mil histórias a meu respeito. Nesta carta (de que muito gosto) tu me prometeste tudo o que eu desejo. — Havia escrito até aqui quando recebi tua carta de sexta-feira. Serei somente tua e farei o que desejas.

P.S. Receberás notícias minhas novamente amanhã, não para voltar atrás, mas para dar algumas orientações. Minha decisão foi tomada — ama-me e trata-me bem.

Sábado pela manhã, 16 de agosto de 1712

Estava um tanto emocionada quanto te escrevi ontem à noite. Começo novamente a ter medo; admito que sou covarde. Não respondeste à parte da minha carta que trata da minha fortuna. Temo que te iludas ao pensar que com o tempo meu pai possa ser apaziguado e tornar-se razoável. Pelo que sempre ouvi dele em casos semelhantes, estou convencida de que isso nunca acontecerá. A fortuna que ele separou para meu dote era destinada a meu irmão no casamento, a minha irmã e a mim, porém de forma que ele mantivesse o poder de dá-la a cada um de nós ou dividi-la como achasse melhor. Ele a atribuiu, inteira, a mim. Nada restou para minha irmã a não ser a generosidade de meu pai com respeito ao que ele pudesse economizar, o que, apesar do valor de suas propriedades, pode ser muito pouco. Possivelmente, depois que eu lhe causar tão profundo desgosto, ele ficará feliz em prover minha irmã com tanta facilidade, com um dinheiro que já foi levantado, ainda mais porque, segundo soube, ele tem intenção de se casar.

Não digo isso para que não procures chegar a bons termos com ele, se for do teu agrado, mas estou convicta de que é inútil. Ele terá uma resposta muito boa: que eu deixei avançar esse pedido de casamento, que o levei a fazer uma triste figura, que permiti que gastasse 400 libras em roupas para o casamento e que vi tudo isso sem dizer nada. Quando pela primeira vez fiz oposição ao enlace, ele me disse estar certo de que eu tinha outro objetivo. Fui sincera ao negar, mas podes ver como essa verdade parece falsa. Ele prosseguiu dizendo-me que nunca aceitaria outro homem etc., e que eu seria imediatamente mandada para o norte, para permanecer lá, e que, ao morrer, ele só me deixaria uma anuidade de 400 libras.

Não tive coragem de enfrentar essa atitude de meu pai e submeti-me à vontade dele. Agora ele poderá objetar que, se era minha intenção casar desta maneira, por que não persisti em minha primeira decisão? Teria sido tão fácil para mim fugir de Thoresby quanto daqui, e por que razão causei tanta despesa a ele e ao cavalheiro com quem deveria me casar etc.? Ele terá mil razões plausíveis para não se reconciliar, e o mundo muito provavelmente tomará seu partido. Reflete agora pela última vez na maneira como deverás me receber. Posso chegar a ti apenas com uma camisola e uma anágua, e isso será tudo o que terás de mim.

Contei a uma dama minha amiga o que pretendo fazer. Tu a julgarás uma amiga muito boa quando souberes que ela se dispõe a nos emprestar sua casa, se quisermos ir para lá na primeira noite. Não aceitei, pois precisava trazer a questão a teu conhecimento. Se achares mais conveniente levar-me para tuas acomodações, não tenhas escrúpulo de fazê-lo. Seja o que Deus quiser; se eu for tua esposa, nenhum lugar em que estejas será inadequado para mim. Peço que deixemos Londres na manhã seguinte, para onde tiveres intenção de ir. Eu gostaria de sair da Inglaterra, se isso estiver de acordo com teus interesses. És o melhor juiz do temperamento de teu pai. Se achas que isso seria gentil para com ele ou necessário para ti, irei imediatamente contigo pedir-lhe o perdão e a bênção. Se, de início, essa não for a melhor atitude, penso que o melhor plano seja irmos para o spa. Quando voltares, poderás tentar fazer teu pai aceitar receber-me e negociar com o meu (embora eu continue a achar que não adianta fazê-lo). Mas não consigo pensar em viver junto a meus amigos e conhecidos depois de um passo tão injustificável — injustificável aos olhos do mundo. Contudo, julgo poder justificar-me para mim mesma.

Mais uma vez, peço-te que contrates uma carruagem que esteja à minha porta bem cedo na manhã de segunda-feira para levar-nos durante parte do caminho, seja qual for o trajeto que decidas fazer. Se for tua intenção ir para a casa da senhora, é melhor que venhas em uma carruagem fechada com seis cavalos amanhã às 7 horas. Ela e eu estaremos no balcão voltado para a estrada; só precisarás parar sob a janela e desceremos a teu encontro. Faz nesse sentido o que achares melhor. Afinal, pensa seriamente na questão. Tua carta, que estarei esperando, deve definir tudo.

Eu perdoo-te uma expressão grosseira em tua última carta, que no entanto gostaria que não estivesse lá. Poderias ter dito o mesmo sem te expressares daquela maneira, mas havia muita gentileza no restante da missiva, eu deveria estar satisfeita. Não serei insensível a nenhuma bondade que me manifestes. Contudo, pondera novamente e decide-te a nunca mais pensar em mim se tiveres a menor dúvida ou se houver possibilidade de que te preocupes com tua fortuna. Acredito que viajar é a melhor maneira de tornar a solidão agradável, em vez de enfadonha. Lembra-te de que prometeste isso.

É um pouco estranho uma mulher não trazer nada e esperar alguma coisa, mas tendo recebido a educação que recebi, não ouso pretender viver senão de uma forma compatível com ela. Preferiria morrer a tornar a ser dependente de familiares a quem ofendi. Se me amas, livrame deste medo. Se não puderes, ou se pensares que eu não deveria esperar por isso, sê sincero e di-lo. É melhor eu não ser tua do que me envolver em anos de sofrimento em troca de um curto período de felicidade. Espero que tal advertência nunca seja necessária, porém é necessário fazê-la. Confio inteiramente em tua honra e não sou capaz de suspeitar-te de qualquer ação incorreta. Não imagines que eu possa me zangar por qualquer coisa que me digas. Sê sincero. Não faltes ao compromisso com uma mulher que abandona tudo por ti.

Abigail Smith (Adams)
1744-1818

ABIGAIL SMITH NASCEU EM WEYMOUTH, Massachusetts, filha de William Smith, um clérigo, e Elizabeth Quincy, cujo pai participou ativamente da política e do governo e durante quarenta anos foi o presidente da assembleia de Massachusetts. Abigail cresceu sem receber uma educação formal, mas foi estimulada pelo pai e pelo avô materno a ler sobre assuntos diversos no acervo de suas vastas bibliotecas.

Em 1764 ela desposou John Adams, um advogado de Harvard. O casal se instalou numa fazenda próxima do local de nascimento de Adams, nas imediações de Boston, enquanto ele formava uma clientela na cidade. Em 1774, quando John Adams foi para a Filadélfia na condição de delegado de Massachusetts no Primeiro Congresso Continental, o casal deu início a uma correspondência que durou a vida toda, composta de mais de 1.100 cartas que nos mostram um retrato valioso não só do casamento deles, mas também do período tumultuado em que viveram.

Depois de servir no Congresso Continental e ter uma expressiva participação na elaboração e na defesa da Declaração de Independência, John Adams foi mandado para França e posteriormente para a Grã-Bretanha, na qualidade de primeiro embaixador dos EUA na corte de Saint James; entre 1778 e 1785, Adams viajou muitas vezes para o exterior. Ele e Abigail continuaram a trocar cartas, apesar das dificuldades de uma correspondência transatlântica. Ele a mantinha informada da situação internacional, e ela lhe dava notícias dos acontecimentos locais, tanto na esfera governamental quanto na doméstica. Abigail se reuniu ao marido em 1783, visitando Paris e Londres, onde o casal foi recebido pelo rei.

John Adams foi o primeiro vice-presidente dos EUA, em 1789, e foi o segundo presidente eleito no país, em 1797. O Sr. e a Sra. Adams residiram na Casa Branca durante apenas quatro meses, a partir de novembro de 1800; nesse período, é conhecido o fato de Abigail ter pendurado as roupas da família para secar no Salão Leste, que ainda não estava terminado. O marido a consultava regularmente sobre questões de política. Essa influência fez com que ela fosse criticada pela imprensa, sendo ironicamente chamada "Senhora Presidenta", uma linha de ataque que permanece irritantemente familiar. Quando o presidente se candidatou à reeleição e foi derrotado por Thomas Jefferson, o casal voltou para Massachusetts onde permaneceu pelo resto da vida. Abigail morreu em 1818, seis anos depois de seu filho, John Quincy Adams, tornar-se o sexto presidente dos EUA.

As cartas a seguir constituem apenas uma pequena amostra da correspondência fascinante entre esses cônjuges tão unidos. A segunda carta foi escrita quando o Congresso estava rascunhando a Declaração de Independência; nela, Abigail solicita ao marido: "Que tu lembres das senhoras e sejas mais generoso e favorável a elas do que teus ancestrais o foram. Não deixes nas mãos dos maridos um poder tão ilimitado. Lembra-te de que todos os homens seriam tiranos se pudessem."

Para John Adams
Braintree, 19 de agosto de 1774

A grande distância que nos separa faz o tempo me parecer muito lento. Parece já fazer um mês que partiste. A grande preocupação que tenho por meu país, por ti e por nossa família tornam o dia enfadonho e a noite, desagradável. Por toda parte surgem pedras e areias movediças. O curso que podes ou desejas seguir está mergulhado no seio da futuridade. A incerteza e a expectativa dão à mente um grande escopo. Alguma vez algum reino ou estado recuperou a liberdade sem derramamento de sangue após ter sido invadido? Não consigo pensar nisso sem horror.

Contudo, contam que todos os infortúnios de Esparta foram causados pelo excesso de solicitude daquele povo pela tranquilidade presente; por amor excessivo à paz, eles negligenciaram os meios de torná-la segura e duradoura. Diz Políbio que eles deveriam ter refletido que não há nada mais desejável ou vantajoso que a paz calcada na justiça e na honra, mas também não há nada mais vergonhoso e ao mesmo tempo mais pernicioso que a paz conquistada por meios incorretos e comprada à custa da liberdade. [...]

Desde que te foste, tenho gostado muito de ler a história antiga de Rollin. Estou decidida a terminar de lê-la, se possível nesses dias de solidão. Ela me dá muito prazer e diversão, e persuadi Johnny a todo dia ler para mim uma ou duas páginas; espero que, no desejo de me agradar, ele também adquira um apreço por essa obra. Tivemos uma chuva adorável que durou 12 horas e fez reviverem muitos dos frutos agonizantes da terra.

Desejo muito ter notícias tuas. Espero impacientemente ver-te no palco da ação. O primeiro dia de setembro ou o mês de setembro talvez possam ser tão importantes para a Grã-Bretanha quanto os idos de março foram para César. Desejo-te todas as bênçãos públicas e privadas e que a sabedoria, benéfica tanto para a instrução quanto para a edificação, te conduza nesse dia difícil. A ninhada manda lembranças ao papai e espera amorosamente ver-te. O mesmo deseja tua mais carinhosa

ABIGAIL ADAMS

*Para John Adams,**
Braintree, 31 de março de 1776

Queria que me escrevesses uma carta com metade do comprimento das minhas; e diz-me, se puderes, para onde foi tua frota. Que tipo de defesa a Virgínia consegue armar contra nosso inimigo comum? Ela está em situação de poder defender-se bem? Será que os senhores aristrocatas e os vassalos do povo não são como os nativos rudes que a Grã-Bretanha nos considera? Espero que os carabineiros que se revelaram tão selvagens e sedentos de sangue não sejam uma amostra da generalidade do povo.

Estou disposta a admitir o grande mérrito da colônia ao produzir um Washington, mas ela foi vergonhosamente enganada por um Dunmore**.

Em algumas ocasiões, estive pronta a considerar que a paixão pela liberdade não pode ser iguaumente forte no peito daqueles que se acostumaram a privar dela seus semelhantes. Estou certa de que isso não se baseia no princípil generoso e cristão de tratar os outros como gostaríamos que os outros nos tratassem.

Não queiras ver Boston; se não tivesse medo da varíola, já teria visitado a cidade antes. Pedi ao Sr. Crane que fosse à nossa casa para ver em que condições ela está. Soube que foi ocupada por um dos médicos de um regimento;

---

*Esta carta possui erros ortográficos no original que foram reproduzidos na tradução. *[N. da E.]*

**John Murray, conde de Dunmore, último governador real da Colônia da Virgínia. *[N. da T.]*

está muito suja, mas não sofreu outros danos. Os poucos objetos que deixamos foram levados. Cranch tem a chave e nunca a entregou. Escrevi a ele para pedi-la e estou decidida a, assim que possível, mandar limpá-la e fechá-la. Vejo isso como a aquisição de uma nova propriedade, pela qual há um mês não daria um centavo e teria tido prazer em ver em chamas.

A cidade como um todo está em melhores condições do que esperávamos, mais graças a uma fuga percipitada do que por consideração aos moradores, embora alguns indivíduos tenham descoberto um sentimento de honra e justiça e tenham deixado para os proprietários o aluguel das casas em que estiveram e o mobiliário esteja intacto ou com poucos danos, podendo ainda ser recuperado.

Já outros cometeram saques abomináveis. A mansão do teu presidente está segura, e a mobília, intacta, ao passo que tanto a casa quanto a mobília do procurador-geral foram presas de seu próprio bando impiedoso. Certamente, os próprios demônios têm um respeito reverente pela virtude e pelo patriotismo, enquanto detestam o parricida e o traidor.

Com a aproximação da primavera, sinto-me muito diferente da forma como me sentia há um mês. Então, não sabíamos se poderíamos plantar ou semear com segurança, se poderíamos colher os frutos de nosso trabalho, se poderíamos repousar em nossos casebres ou se não seríamos expulsos do litoral para procurar abrigo nas florestas, mas agora sentimos que poderemos nos sentar embaixo de nossas vinhas e comer os bons frutos da terra.

Sinto uma *gaieti de Coar** que não sentia antes. Penso que o sol parece mais brilhante, o canto dos pássaros soa mais melodioso, e a natureza mostra uma expressão mais alegre. Sentimos uma paz temporária, e os pobres fugitivos estão voltando às habitações que abandonaram.

Embora nos felicitemos, somos solidários com aqueles que temem ter o mesmo destino de Boston. Mas eles só se verão em circunstâncias similares se a pusilanimidade e a covardia se apossarem deles. Eles contam com tempo e aviso antecipado para poder ver o mal e evitá-lo. Anseio por ouvir que tu declaraste uma independência — e por sinal, no novo Código de Leis que imagino seja preciso que cries, desejo que tu lembres das senhoras e sejas mais generoso e favorável a elas do que teus ancestrais o foram. Não deixes nas mãos dos maridos um poder tão ilimitado. Lembra-te de que todos os homens seriam tiranos se pudessem. Se não for dado um cuidado e uma atenção especial às senhoras, estamos decididas a fomentar uma rebelião e não nos consideraremos submetidas a qualquer lei segundo a qual não tenhamos expressão ou representação.

A tirania natural de teu sexo é uma verdade estabelecida a ponto de ser irrefutável, mas há aqueles entre ti que desejam ser felizes e voluntariamente abandonam o título despótico de Senhor em troca do título mais terno e sedutor de Amigo. Por que, então, não tirar dos cruéis e imo-

---

*Abigail escreve incorretamente a expressão francesa *gaieté de couer*, ou seja, alegria, despreocupação. *[N. da T.]*

rais o poder de tratar-nos impunemente com crueldade e indignidade? Em todas as épocas, os homens inteligentes abominaram esses costumes que nos tratam apenas como servas de teu sexo. Considera-nos como seres colocados pela providência sob a tua proteção e, imitando o Ser Supremo, usa desse poder apenas para nossa felicidade.

Para John Adams,
Braintree, 5 de abril de 1776

Como não tive a oportunidade de mandar esta carta, vou acrescentar mais algumas linhas, embora com um coração não tão leve. Estive visitando o quarto de enfermo de nosso vizinho Trot, cujo sofrimento posso sentir profundamente, mas não consigo descrever, pois foi privado de duas crianças adoráveis em uma semana. Gorge, o mais velho, morreu na quarta-feira, enquanto Billy, o mais novo, morreu na sexta-feira, de febre do cancro, uma doença terrível e muito parecida com a difteria, da qual difere somente um pouco. Betsy Cranch passou muito mal, mas está se recuperando. Pensam que Becky Peck não vai passar de hoje. Muitos adultos, agora, pegaram essa doença no número 5 desta rua. Ela está se alastrando por outras cidades. A caxumba também é bastante comum. Isaac está de cama com ela. Nossa pequena ninhada, por enquanto, está bem. Meu coração treme de preocupação por eles. Que Deus os proteja.

Quero receber notícias tuas com muito mais frequência. A última que recebi data de 8 de março. Perguntas se eu estou fazendo salitre. Ainda não tentei, mas depois de fazer sabão acho que vou experimentar. Tenho muito a fazer manufaturando roupas para minha família, que de outra forma estaria nua. Só conheço uma pessoa nesta parte da cidade que fez salitre, o Sr. Tertias Bass, como é chamado aquele que conseguiu fazer quase cinquenta quilos, considerado muito bom. Ouvi falar de outros em outras freguesias. O Sr. Reed de Weymouth foi convidado a ir para Andover para trabalhar nos moinhos que agora estão operando, e foi embora. Recentemente, li um pequeno manuscrito descrevendo as proporções para diversos tipos de pólvora, própria para canhões, armas de pequeno porte e pistolas. Se esse documento for de alguma utilidade para ti, mandarei transcrevê-lo e o enviarei. Todos os nossos amigos mandam lembranças, e também os pequeninos. O filho mais novo de teu irmão está sofrendo de crises de convulsão. Adeus. Nem preciso dizer que sou Tua sempre fiel Amiga.

Manon Jeanne Philipon (Madame Roland)
1754-1793

MARIE-JEANNE PHILIPON (chamada Manon pelos amigos) era filha de um gravador parisiense. Já na infância, ela demonstrava ter uma mente inquisitiva e ágil. Manon foi principalmente autodidata; é provável que as duas maiores influências em sua vida tenham sido os escritos de Plutarco e, mais tarde, de Rousseau.

Em 1781, Marie-Jeanne casou-se com Jean Roland de la Platière, um inspetor fabril que também escrevia sobre política e economia e que colaborou na compilação da enciclopédia de Diderot. O casal foi viver em Lion, onde M. Roland publicou nos jornais da região artigos simpáticos aos ideais da Revolução Francesa. Em 1791, M. Roland foi a Paris pedir ajuda para a indústria da seda de Lion, que passava por uma crise, e se tornou amigo íntimo de diversas figuras importantes da revolução. Pouco depois, o casal mudou-se permanentemente para Paris, e Mme. Roland passou a promover um importante salão político que apoiava a causa revolucionária.

Com a proclamação da República, em 1792, M. Roland foi nomeado ministro do Interior, mas renunciou ao cargo dois dias após a execução do rei. A essa altura, os revolucionários estavam divididos em dois grandes movimentos: os jacobinos, extremistas, e os girondinos, mais moderados, entre os quais se incluíam os Roland. Os jacobinos, liderados por Robespierre, deram um golpe de Estado que instituiu o regime chamado Terror. O Tribunal Revolucionário sentenciou sumariamente os girondinos à morte na guilhotina. Madame Roland ajudou o marido a fugir, mas, em junho de 1793, foi presa e acusada de simpatizar com a causa monarquista. Enquanto estava na prisão, ela escreveu suas memórias, um documento que revela a evolução de seu pensamento intelectual e político e uma história fascinante da revolução. Ele também retrata a luta de madame Roland para harmonizar seus sentimentos sobre o comportamento próprio de uma mulher e seus dons de escritora e intelectual.

Em 8 de novembro, ela foi levada para a praça da Revolução para ser executada. A caminho da guilhotina, Manon parou diante de uma escultura que representava a liberdade e gritou: "Ó Liberdade, quantos crimes são cometidos em teu nome!", O jornal revolucionário *Le Moniteur* publicou o seguinte obituário: "Ela foi mãe, mas sacrificou a natureza por querer se colocar acima de sua posição. O desejo de ser uma mulher culta levou-a a esquecer as virtudes do seu sexo, e essa omissão, sempre perigosa, traçou seu caminho para o patíbulo." O marido havia fugido para Rouen; porém, ao saber da execução da esposa, matou-se com a própria espada às margens de uma estrada campestre.

A carta a seguir foi escrita para Léonard Buzot, um girondino amigo dos Roland e provável amante de madame Roland. Ele conseguiu fugir, mas naquele mesmo ano também cometeu suicídio numa floresta de Bordeaux.

ॐ ॐ ॐ

Para Léonard Buzot
Enviada da prisão em 22 de junho de 1793

Com que frequência releio tuas cartas! Eu as aperto contra o coração, cubro-as de beijos. Não esperava receber mais nada. Sem sucesso, pedi notícias tuas a madame Cholet. Escrevi uma vez a M. le Tellier, em Evreux, para que possas receber um sinal de vida da minha parte, mas a conexão postal foi interrompida. Não queria enviar-te nada diretamente, porque teu nome seria suficiente para fazer a carta ser interceptada e poderia atrair suspeitas sobre ti. Vim para cá orgulhosa e tranquila, com bons votos e alguma esperança pelos defensores da liberdade. Quando soube da ordem de prisão promulgada contra os 22, exclamei: "Meu país está perdido!" Fiquei em dolorosa ansiedade até ter notícias confiáveis de tua fuga, e o mandado de prisão contra ti renovou meus medos. Esse horror, certamente, é causado por tua coragem. Como soube que estás em Calvados, recuperei o equilíbrio. Prossegue em tuas nobres iniciativas, meu querido. Brutus perdeu cedo demais a esperança pela segurança de Roma na batalha de Filipos. Enquanto algum republicano ainda respirar, estiver livre, conservar a coragem, ele precisa e pode ser útil. Em todo caso, o sul da França te oferece um refúgio e abrigará os homens honrados. Deves voltar teus olhos e dirigir teus passos para lá. Lá terás de viver para servir a teus companheiros e exercer tuas virtudes.

Quanto a mim, saberei esperar tranquilamente a volta do reino da justiça ou serei submetida aos últimos atos de violência da tirania de modo que meu exemplo também não deixará de ter utilidade...

Maria Smythe (Sra. Fitzherbert)
1756-1837

MARIA ANNE FITZHERBERT, criada em Hampshire, era filha de Walter Smythe, ex-soldado, e sua esposa, Mary Errington. As duas famílias eram católicas. Aos 12 anos, Maria foi mandada para um convento em Paris para ser educada. Em 1781 ela já havia se casado e enviuvado duas vezes, tornando-se uma mulher jovem financeiramente independente.

O príncipe de Gales, que se tornaria Príncipe Regente e depois rei George IV, começou a assediá-la em 1784, depois de um encontro casual em frente ao teatro de ópera. Maria recusou a condição de amante, e ele acabou por pedi-la em casamento, apesar de ter contra o enlace três Atos do Parlamento (Act of Settlement, Act of Union, Royal Marriages Act).* A senhora Fitzherbert não aceitou o pedido e anunciou a intenção de viajar para o estrangeiro. Como resultado, o príncipe, de temperamento notoriamente exaltado, apunhalou-se em sua casa

---

* Atos legais que regulam, respectivamente, a regra de sucessão ao trono britânico, a união dos reinos inglês e escocês e as regras de casamentos dos membros da família real. [N. da T.]

de Londres, a Carlton House, em Pall Mall, e mandou seu médico e outros três amigos comunicarem a Maria que ele arrancaria os curativos se ela não fosse vê-lo imediatamente. Ela foi, acompanhada por Georgiana, duquesa de Devonshire; o histérico príncipe arrancou dela uma promessa de se casar com ele. Então, ela deixou o país e foi para o continente europeu.

Enquanto Maria estava em viagem, o príncipe afogou-a em cartas. Embora achasse que uma promessa feita sob coação não era válida, ela acabou por ceder e concordou em casar-se com ele. O príncipe organizou um casamento secreto e, no início de novembro de 1785, escreveu a Maria uma carta apaixonada com 42 páginas. Ela voltou a Londres no mês seguinte e no dia 15 de dezembro eles se casaram na sala de estar da casa dela, em Park Street.

O príncipe, então, instalou a Sra. Fitzherbert em uma casa próxima à dele em Pall Mall, mas ela se tornou alvo constante de insultos e chacota. A especulação sobre o casal era desenfreada na sociedade, na imprensa e no Parlamento. Circularam boatos (infundados) sobre o envolvimento dela em uma conspiração católica para desestabilizar o governo. Outro problema era o próprio príncipe: ele conseguiu acumular dívidas inacreditáveis enquanto transformava Carlton House numa espécie de palácio dos sonhos, empregando artesãos de toda a

Europa, importando móveis da China e derrubando as casas vizinhas para ampliar a mansão. Em certa ocasião, quando solicitado a calcular o valor da dívida do príncipe, seu tesoureiro declarou-a "incalculável". Além disso, apesar de tudo o que fez para casar-se com a Sra. Fitzherbert, o príncipe não conseguia ficar longe das mulheres. Por fim, contrariado, o rei George III insistiu em que fosse encontrada uma noiva real aceitável para seu filho rebelde, e o príncipe foi, de certa forma, forçado a casar-se com a princesa Caroline de Brunswick. Em abril de 1795, exatamente nove meses após esse casamento, Caroline deu à luz sua única filha, a princesa Charlotte; a essa altura, o casal real já vivia separado.

O príncipe e a Sra. Fitzherbert se separaram e reconciliaram-se diversas vezes até que, em 1811, o desentendimento tornou-se permanente. Depois disso, eles pouco se viram. A vida do príncipe ficou cada vez mais dissoluta e escandalosa. Ele era a alegria dos caricaturistas — imensamente gordo, maquiado e enfeitado, bêbado e glutão. A Sra. Fitzherbert escreveu-lhe por ocasião de sua doença terminal, em 1830. Ele estava doente demais para responder, mas morreu com um retrato dela pendurado no pescoço, com o qual foi enterrado. Ela morreu sete anos depois, numa casa em Brighton, discreta até o final.

Para o Príncipe Regente

Esta tarde fui arrastada até Steine [uma área de lazer da moda, em Brighton] por amigos com quem tomei chá e que não abriram mão de minha companhia (embora eu estivesse me sentindo mal demais para sair) porque é crença geral que Vossa ——— ——— [Alteza Real], imitando um francês ridículo, iria cavalgar de costas! Ah, se tivesses um mentor que te protegesse desses numerosos perigos que te cercam! Os piores são teus atuais companheiros. Outro dia vi-te como outro Harry:

> *Erguer-se do chão qual Mercúrio alado,*
> *e saltar sobre a sela com tal leveza*
> *como se um anjo caísse das nuvens;*
> *para fazer girar um Pégaso fogoso,*
> *e assombrar o mundo com sua destreza...*

Não pude evitar prosseguir na comparação e gostaria que alguma vez fizesses tuas as palavras do príncipe:

> *Não me respondas com farsas de bobo,*
> *pois sabe o céu, e o mundo há de perceber;*
> *Afastei-me de quem costumava ser,*
> *e o mesmo farei com os que me frequentam.*

Adieu! Se tenho a liberdade de lembrá-lo, a tua própria complacência atrai sobre ti os comentários da

MARGARITA

Para o Príncipe Regente

Tu me forçarás a deixar B*******, ofendeu-me teu comportamento da noite passada. Por que procurei um caminho deserto? Se nos tivéssemos encontrado no Steine, teríamos sido mais cuidadosos; ai de mim! Não tens a consideração que eu desejaria! Quando falas de amor, proferes um insulto para o qual és insensível — tua amizade confere honra, mas teu amor — guarda-o para alguma bela merecedora, nascida para a elevada honra de tornar-se tua esposa, e não te aflijas com o destino que me fadou a uma vida humilde. Estou satisfeita com minha posição: o contentamento guarda encantos que não podem ser descritos Sei que estou errada ao dar continuidade a essa correspondência. Ela precisa, tem de cessar: portanto, não tornes a escrever para

MARGARITA

Mary Wollstonecraft
1759-1797

MARY WOLLSTONECRAFT NASCEU numa família de boa situação financeira em Spitalfields, a leste de Londres, sendo a segunda de sete filhos. Segundo ela, o pai era alcoólatra e tirano doméstico. Mary recebeu pouca educação formal; sua cultura impressionante foi resultado de autodisciplina e determinação.

Quando chegou à idade adulta, os recursos da família haviam desaparecido, e Mary precisou trabalhar para ganhar a vida. Ela foi infeliz como professora, governanta e acompanhante de uma senhora, até começar a escrever. Em 1787 publicou seu primeiro livro, *Thoughts on the Education of Daughters*. Seu editor, Joseph Johnson, contratou-a para escrever ensaios para a revista *Analytical Review*; ele também se tornou amigo e mentor para toda a vida, provavelmente uma presença paterna muito mais satisfatória do que o pai de Mary jamais fora.

Durante a década de 1780, Wollstonecraft levou uma vida desinteressante de jornalista literária, embora sua aparência tenha sido objeto de reparo: roupas grosseiras, meias pretas de lã e um cabelo em desalinho que ela se recusava a pentear de acordo com a moda. Essas primeiras tentativas de forjar uma identidade que ela considerasse fiel a sua natureza, em vez de fiel à convenção feminina (atitude provavelmente precursora da fase dos macacões usados pelas feministas do século XX), foi o início de uma luta que durou toda a vida da escritora.

O primeiro grande sucesso literário surgiu em 1790 com a publicação da obra *A Vindication of the Rights of Men*, uma resposta à apologia pós-revolucionária do Ancien Régime da França, de autoria de Edmund Burke. Mary foi festejada como uma proeminente radical, mas logo ficou frustrada com a falta de progresso em direção à igualdade de direitos para a mulher nessa nova era supostamente esclarecida. Ela se inspirou e escreveu, em três meses, sua obra mais aclamada, *A Vindication of the Rights of Women*, publicada em 1792 e imediatamente transformada em best-seller internacional.

Naquele mesmo ano, depois de um caso de amor malsucedido com um pintor bissexual e casado de nome Henry Fuseli (em certa ocasião Mary procurou Sophia, a esposa de Fuseli, para propor um *ménage à trois* no qual a escritora seria reconhecida como "esposa espiritual" do pintor — seja qual for o significado da expressão; foi expulsa por uma furiosa Sophia), Wollstonecraft viajou para Paris, onde conheceu Gilbert Imlay, um capitão norte-americano que se tornou empresário — bonito, sedutor e (inevitavelmente) famoso conquistador. Ao final de 1793, Mary estava grávida. No entanto, depois de registrá-la na Embaixada americana como sua esposa, Imlay desapareceu em viagem de negócios. Abandonada e ansiosa, ela foi atrás dele, primeiro, no Havre, onde nasceu sua filha Fanny, em maio de 1794, e depois em Londres, na esperança de estabelecer uma vida de família. Imlay não compartilhava desse propósito e era habitualmente infiel; o relacionamento se arrastou até 1796. Nesse período, ela tentou o suicídio duas vezes, primeiro ingerindo uma dose letal de ópio — tendo sido salva por uma criada — e depois atirando-se da ponte de Putney no rio Tâmisa, de onde foi resgatada por dois barqueiros que passavam pelo local.

Depois de separar-se definitivamente de Imlay, Mary publicou o livro *A Short Residence in Sweden, Norway and Denmark*, escrito quando a escritora, a pedido de Imlay, viajou pela Escandinávia para encaminhar alguns negócios dele na região. Foi, então, que ela percebeu a impossibilidade de um futuro com ele, e esse livro, com características de memórias, relato de viagem e polêmica, é sua obra mais pessoal.

Em 1791, Mary conheceu William Godwin, o escritor radical, mas foi somente em 1796 que se apaixonou profundamente por ele, quando ousadamente (para a época) procurou-o a pretexto de emprestar-lhe um livro. No início de 1797, Mary estava grávida, e apesar da manifesta hostilidade de ambas as partes pela instituição do casamento, eles se casaram em março daquele ano.

Sua filha, Mary Wollstonecraft Godwin, que se tornou Mary Shelley, nasceu em 30 de agosto. A mãe morreu de febre puerperal 11 dias depois. Arrasado, o marido escreveu a um amigo: "Não tenho a menor esperança de algum dia tornar a me sentir feliz."

Em 1801, William Godwin desposou uma vizinha, Mary Jane Vial, a mãe de Claire Clairmont, cuja carta para Byron faz parte desta coletânea.

❧ ❧ ❧

Para Gilbert Imlay
Paris, sexta-feira pela manhã, 1793

Fico feliz por descobrir que há outras pessoas tão obstinadas quanto eu; pois fica sabendo que respondi a tua primeira carta na própria noite em que ela chegou a mim (domingo), embora não a tenhas recebido antes da quarta-feira, porque ela só foi enviada no dia seguinte. Nela vai um relato completo, honesto e detalhado.

Contudo, não estou zangada contigo, meu amor, pois penso que isso é uma prova de parca inteligência e também de uma afeição diluída, o que dá no mesmo quando o temperamento é governado por régua e compasso. Não há nada de pitoresco numa igualdade demarcada, e a paixão sempre confere graça às ações.

Agora a recordação prende meu coração a ti; mas não à tua personalidade ambiciosa, embora não possa ficar seriamente insatisfeita com um esforço que faz crescer minha admiração, ou isso seria o que eu deveria esperar do teu caráter. Não, tenho diante de mim tua expressão honesta — relaxada pela ternura, um pouco ferida por meus caprichos, e teus olhos brilhando de aprovação. Então, teus lábios são mais macios do que a própria maciez, e eu apoio o meu rosto contra o teu, esquecendo o mundo inteiro. Não deixei fora da imagem as cores do amor — o brilho rosado; e creio que a fantasia cobriu dessa tonalidade minha própria face, pois sinto que ela queima, enquanto oscila em meus olhos uma lágrima deliciosa que seria toda tua se uma emoção agradecida dirigida ao Pai da natureza, que assim me despertou para a felicidade, não tivesse dado mais calor ao sentimento compartilhado. Preciso fazer uma pausa por um momento.

Preciso dizer-te que estou tranquila após escrever-te essas palavras? Não sei por que, tenho mais confiança em tua afeição quando estás ausente do que na tua presença; não, penso que deves me amar, pois, com a sinceridade do meu coração, deixa que eu diga, acredito merecer tua ternura porque sou fiel e tenho um grau de sensibilidade que podes ver e saborear.

Sinceramente,

MARY

Para Gilbert Imlay
Paris, 23 de setembro de 1794, à tarde

Estive brincando e rindo com a pequenina por tanto tempo que é com emoção que pego a pena para escrever-te. Ao apertá-la contra o peito, ela é tão parecida contigo (aqui entre nós, com tua melhor aparência, porque não admiro tua face comercial), cada nervo parecia vibrar ao toque, e comecei a considerar razoável a afirmativa de que marido e mulher são um só — pois parecias impregnar toda a minha estrutura, acelerando os batimentos de meu coração e evocando as lágrimas de simpatia que provocaste.

Terei algo mais a dizer-te? Não; não no momento — o resto foi embora; uma ternura indulgente por ti, não posso agora queixar-me de algumas das pessoas daqui que me irritaram nos últimos dois ou três dias.

Para William Godwin, 21 de julho de 1796

Estou-te enviando, conforme solicitaste, o manuscrito alterado. Se me tivesses visitado ontem, eu teria agradecido tua carta, e talvez dito que a sentença de que mais gostei foi a última, em que me dizes que estarias voltando a casa para não tornar a partir. Mas agora estou desanimada e pretendo arrolhar minha gentileza, a menos que, quando tornar a ver-te, algo em teu rosto faça saltar a rolha — mesmo contra a minha vontade.

MARY

Quinta-feira
Judd Place West

Marie-Josèphe-Rose Tascher de la Pagerie (imperatriz Josefina)
1763-1814

MARIE-JOSÈPHE, chamada de Josefina pelo imperador Napoleão, nasceu na Martinica, em uma rica família de fazendeiros cujas propriedades rurais foram destruídas por ciclones em 1766. Ela partiu para Paris em 1779, para um casamento vantajoso com um aristocrata francês, Alexandre, visconde de Beauharnais. O casamento não foi feliz, embora Josefina tenha dado à luz dois filhos, Hortense e Eugène, antes de obter uma separação legal em 1785. Em 1788, ela voltou à Martinica, mas retornou a Paris em 1790, depois de uma revolta dos escravos na ilha.

Em Paris, Josefina levava uma agitada vida social; ela manteve ligações amorosas com diversos homens proeminentes, mas sua vida foi ameaçada quando o marido entrou em conflito com os revolucionários jacobinos e foi guilhotinado em junho de 1794. Ela foi feita prisioneira, mas recuperou a liberdade depois que Robespierre foi executado, no mês seguinte. Após sua libertação e do estabelecimento do governo do Diretório, Josefina conheceu Napoleão Bonaparte, um jovem e brilhante oficial do Exército.

Eles se casaram em março de 1796, imediatamente antes de Napoleão partir para a Itália como comandante da expedição francesa. Ele escrevia constantemente para ela cartas apaixonadas, muitas das quais sobreviveram, ao passo que poucas cartas de Josefina para o marido foram preservadas. Talvez tenham sido destruídas, ou nunca tenham existido. Deve-se dizer que a última explicação parece mais provável, pois aparentemente ela era uma esposa menos devotada, de fidelidade duvidosa e hábitos que iam de dispendiosos a completamente desastrosos. Napoleão, muitas vezes, se queixava com amargura da extravagância e dos flertes dela com outros homens; em 1799, ele ameaçou divorciar-se; acabou por ser convencido a não tomar essa atitude graças à intercessão dos filhos do primeiro casamento de Josefina.

O sucesso militar e político de Napoleão parecia inabalável, e, em 1804, ele foi coroado imperador da França pelo papa Pio VII (reza a lenda que, no momento da coroação, Napoleão retirou a coroa das mãos do papa e colocou-a na própria cabeça). Ele, então, coroou Josefina imperatriz.

O futuro de Josefina, agora, parecia seguro: ela era imperatriz da França, seu filho estava casado com a filha do rei da Baviera, e a filha, com o irmão de Napoleão. Mas o casamento dela continuava tenso, e em 1810 Napoleão conseguiu uma anulação. Como imperador, ele precisava de um herdeiro; sendo Josefina incapaz de gerá-lo, Napoleão voltou os olhos para um casamento dinástico com a filha do imperador austríaco.

Josefina retirou-se para o castelo de Malmaison, nas imediações de Paris, onde parece ter sido muito feliz recebendo amigos e protetores (inclusive o Czar Nicolau I) enquanto permanecia em bons termos com Napoleão, que continuava a pagar-lhe as contas. A carta a seguir data dessa época. Ela morreu de pneumonia quatro anos depois e foi enterrada na igreja da paróquia de Reuil. As famílias reais da Holanda, de Luxemburgo, da Suécia, da Bélgica, da Grécia e da Dinamarca descendem dela. Diz-se que as últimas palavras de Napoleão, ao morrer no exílio na ilha de Santa Helena, em 1821, foram: "A França, o Exército, Josefina."

ക്ക ക്ക ക്ക

Para Napoleão Bonaparte
Navarra, abril de 1810

Mil, mil ternos agradecimentos por não me haveres esquecido. Meu filho acaba de me trazer tua carta. Com que paixão eu a li e, no entanto, dediquei muito tempo a ela, pois não havia ali uma palavra que não me fizesse chorar.

Mas aquelas eram lágrimas tão doces! Torno a sentir meu coração por inteiro, tal como sempre será; alguns sentimentos são a própria vida, e só podem terminar com ela.

Eu estaria desesperada se minha carta do dia 19 te fosse desagradável; não recordo inteiramente suas expressões, mas sei que um sentimento muito doloroso a ditou, a tristeza de não ter notícias tuas.

Escrevi antes de partir de Malmaison; desde então, quantas vezes não desejei escrever para ti! Mas percebi a razão de teu silêncio, e temi que uma carta fosse importuna. A tua foi um bálsamo para mim. Sê feliz, tão feliz quanto mereces ser; falo-te de todo o meu coração. Também me deste minha cota de felicidade, sentida intensamente; nada pode se igualar para mim ao valor de um sinal de tua lembrança.

Adieu, meu amigo; agradeço-te com a ternura com que sempre te amarei.

JOSEFINA

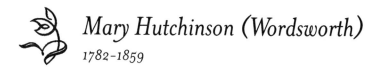

Mary Hutchinson (Wordsworth)
1782-1859

MARY HUTCHINSON CASOU-SE EM 1802 com o grande poeta romântico William Wordsworth; ela foi colega de escola de Dorothy, irmã de Wordsworth, a principal companheira do poeta até que ele se casasse. Em seu diário, Dorothy relembra o dia do casamento:

Na segunda-feira, dia 4 de outubro de 1802, meu irmão William casou-se com Mary Hutchinson. Passei a maior parte da noite dormindo e pela manhã acordei repousada e bem-disposta. Pouco depois das oito horas eu os vi descerem a avenida a caminho da igreja. William se despediu de mim no andar de cima. Eu lhe entreguei a aliança de casamento — com uma bênção fervorosa! Tirei o anel do dedo indicador, onde o havia usado na noite anterior. Ele tornou a colocar o anel em meu dedo e me abençoou fervorosamente. Enquanto eles estavam ausentes, minha querida Sarita [Sara Hutchinson, irmã da noiva] preparou o desjejum. Eu me mantive tão calma quanto possível, mas quando vi dois homens correndo pela rua para nos dizer que o casamento havia terminado não consegui mais me conter e me atirei na cama, onde fiquei imóvel, sem ver ou ouvir nada, até que Sara subiu as escadas para me dizer: "Eles estão chegando." Isso me tirou da cama onde estava deitada e me fez avançar, não sei se em linha reta, mais depressa do que minhas forças me permitiam, até encontrar meu amado William e cair nos braços dele. Ele e John Hutchinson me levaram para dentro da casa e lá fiquei para receber minha querida Mary.

Portanto, no dia de seu casamento, Mary Wordsworth teve de olhar com tolerância a irmã do marido provocar em si mesma um ataque de histeria durante o qual ficou incapaz "de ver ou ouvir nada", e então, ao receber Mary em sua nova casa, assegurar-se de que ela própria, e não a noiva, estaria ao lado do irmão quando ele cruzasse o portal.

O relacionamento de Wordsworth com a irmã e a influência dela sobre o trabalho do poeta já foram fartamente descritos. O relacionamento dele com a esposa mal era reconhecido até 1977, quando a Sotheby's leiloou um acervo de correspondência entre William e Mary. Essas cartas revelaram uma relação conjugal cheia de paixão e afeto, o que, sem dúvida, é notável se considerarmos as circunstâncias da vida doméstica do casal. Eles tinham pouco dinheiro. Dividiam a casa com Dorothy e Sara, irmã de Mary, e também com diversos poetas e críticos, inclusive Coleridge, dependente de drogas e cada vez mais incômodo. Entre 1803 e 1810, Mary teve cinco filhos, dois dos quais morreram em 1812, o que a fez mergulhar em profunda depressão. Mais tarde, a vida ficou um pouco mais fácil, já que Wordsworth alcançou mais sucesso (tornou-se poeta laureado em 1845), e a família mudou-se para acomodações mais espaçosas que permitiam a todos ter mais privacidade. No entanto, o fato de que um arranjo como aquele pareça ter funcionado pode ser um testemunho da extraordinária paciência de Mary.

Em 1835, Dorothy passou a sofrer de um tipo de demência pré-senil. Mary cuidou da cunhada durante os últimos vinte anos da vida dela. Wordsworth morreu em 1850; Mary viveu mais que os dois irmãos, vindo a falecer em 1859. Os três foram sepultados no cemitério da igreja de St. Oswald, em Grasmere, na região dos lagos cuja paisagem serviu de inspiração ao poeta durante toda a vida.

ॐ ॐ ॐ

Para William Wordsworth
Grasmere, de segunda-feira, 1º de agosto, à manhã de quarta-feira, 3 de agosto, c. de 1810

Ó, meu William!
Não sou capaz de dizer-te como fiquei comovida com essa carta mais querida — tão inesperada; ver sobre o papel o

alento do âmago de teu coração é algo tão novo que fiquei profundamente abalada, e agora que me instalei para responder-te na solidão e na intensidade desse amor que nos une e que não pode ser sentido senão por nós dois, estou tão agitada, com os olhos tão enevoados, a ponto de quase não saber como proceder. Depois de ter deitado minha criancinha sobre teu venerado travesseiro, trouxe o papel para meu próprio, TEU próprio quarto — e escrevo sentada à mesinha de Sara, distante da janela que mostra as jovens a espalhar o feno à luz incerta do sol. — [...]

Olho para tua carta e fico maravilhada com a forma legível com que a escreveste, pois não há nela uma só palavra sobre a qual eu possa ter alguma dúvida. Mas como é possível que ela não tenha chegado mais cedo? Foi escrita no penúltimo *domingo* — e recebida na *manhã* do domingo passado. Uma das prezadas cartas da querida Dorothy foi escrita na *segunda-feira* e a outra na tarde do mesmo dia, escrita na *quinta-feira*; ambas *desde* o dia em que meu anjo bom fez com que te lembrasses de me fazer tão feliz. Ao me encontrar hoje pela manhã com tua carta nas mãos, Dorothy perguntou mais de uma vez "por que eu estava chorando" — eu lhe disse que estava *tão feliz* — mas ela não pôde entender isso. Sim, meu amor, tua carta me deixou supremamente abençoada — ela me deu um sentimento novo, pois é a primeira carta de amor escrita exclusivamente para mim — portanto, não estranhes que tenha me afetado tanto.

Adorado William! Fiquei sentida por saber que tua visão não esteve bem antes de agora e SINTO MUITO pelo que causa em mim uma alegria tão devota e exultante — que não consigas desfrutar completamente estar longe de mim Na verdade, William, sinto, *senti* que não podias, mas me emociona profundamente ser informada disso por tua própria pena. Fiquei muito comovida com as linhas escritas por tua mão em uma das cartas de D nas quais falas de voltar para casa pensando que "ser-me-ias muito útil". De fato, meu amor, tu o serias, mas *naquela ocasião* não *te quis* tanto quanto te quero agora que nosso desentendimento se desfez. Se tivesses estado aqui, *sem dúvida* teria existido em mim aquela consciência profunda de ter junto a mim *meu tudo — aquele* sentimento que nunca me faltou desde que* a noite solitária não nos distanciou a não ser pela ausência; mas, então, eu não tinha o tempo livre que deveria ter e que é necessário para se ficar ativamente atenta para um bem tão precioso e para o pleno desfrute desse bem. *Considero*, William, e até o fim da vida considerarei esse sacrifício uma preciosa dádiva do teu amor, sinto que ele é isso e sou-te grata por ele, mas confio que esse será o último de tais sacrifícios que precisaremos fazer.

---

* Foi excluída a expressão "dormi com". *[N. da T.]*

Maria Branwell (Brontë)
1783-1821

A MÃE DAS GRANDES ESCRITORAS CHARLOTTE, Emily e Anne nasceu em Penzance, na Cornualha, sendo a oitava de 11 filhos. Seus pais, Thomas Branwell e Anne Carne, pertenciam a famílias prósperas e eram importantes membros da comunidade metodista wesleyana.

Os pais de Maria morreram quando ela tinha vinte e poucos anos. Sua tia Jane, irmã do pai, convidou-a para viver com ela em Rawdon, perto de Leeds, onde o marido de Jane, John Fennell, era diretor de uma escola. Em 1812, Maria trocou Penzance por uma nova vida em Yorkshire.

Patrick Brontë, um velho amigo de John Fennell, era o vigário de uma paróquia próxima e conheceu Maria quando visitou a nova escola de Fennell. As datas das cartas aqui incluídas demonstram que o namoro dos dois foi curto e intenso; Patrick, regularmente, caminhava 40 quilômetros de ida e volta para convidar Maria... para dar um passeio! No final do ano, eles estavam casados.

Entre 1814 e 1820, ano em que a família se mudou para a famosa casa paroquial de Howarth, Maria teve seis filhos. Em 1821, depois de meses de sofrimento, Maria morreu. Pensa-se hoje que a causa da morte tenha sido anemia, combinada com uma infecção pélvica crônica causada por partos muito próximos. Quatro anos depois, as duas filhas mais velhas, Maria e Elizabeth, morreram de tuberculose contraída no internato imortalizado na obra de Charlotte com o nome de Lowood. Em 1855, todos os filhos de Maria haviam morrido, tendo Charlotte e Emily produzido dois dos maiores romances da língua inglesa, *Jane Eyre* e *O morro dos ventos uivantes*. Patrick sobreviveu a todos os filhos, falecendo em 1861.

❧ ❧ ❧

Para o reverendo Patrick Brontë, bacharel, Hartshead
Wood House Grove, 26 de agosto de 1812

Meu querido amigo, esta carta deve ser suficiente para convencer-te de que não só autorizo, mas aprovo que me escrevas — de fato eu te considero meu amigo; no entanto, quando avalio há quão pouco tempo tenho o prazer de conhecer-te, assusta-me minha própria precipitação, meu coração hesita e, se não pensasse que ficarias decepcionado e ofendido, acredito que estaria pronta a me poupar da tarefa de escrever. Não julgues que estou insegura e me arrependo daquilo que já disse. Não, crê-me, isso nunca acontecerá, a não ser que me dês motivos para tanto.

Não precisas temer haver-se enganado quanto a meu caráter. Se sei algo sobre mim mesma, é ser incapaz de retribuir com mesquinhez a menor demonstração de bondade, ainda mais para contigo, cujas atenções e conduta têm sido especialmente gentis. Confesso francamente que teu comportamento e o que vi e ouvi dizer de teu caráter suscitaram em mim a mais calorosa estima e consideração; fica certo de que nunca terás motivo de arrependimento por considerares adequado confiar em mim e que sempre procurarei merecer a boa opinião que formaste, embora a fraqueza humana possa, em algumas circunstâncias, fazer-me ficar aquém do que esperas. Para tranquilizar-te dessa forma não confio apenas em minha própria força, mas busco amparo nEle que tem sido meu guia infalível na vida e sob cuja contínua proteção e assistência me coloco.

No domingo, pensei muito em ti e temi que não pudesses escapar da chuva. Espero que não tenhas sofrido os maus efeitos dela. Meu primo escreveu para ti na segunda-feira e espera ser agraciado com uma resposta esta tarde. Tua carta me causou algum tolo embaraço, embora, com pena de meus sentimentos, eles tenham caçoado pouco de mim.

Agora responderei com honestidade a tuas perguntas. A cortesia alheia nunca poderá fazer-me esquecer tuas gentis atenções, nem sou capaz de passear por nossos caminhos habituais sem pensar em ti e, por que me envergonharia de acrescentar, sem desejar tua presença. Se conhecesses meus sentimentos enquanto escrevo isto, terias pena de mim. Quero escrever a verdade e deixar-te feliz; contudo, tenho medo de ir muito longe e exceder os limites do decoro. No entanto, não importa o que eu diga ou escreva, nunca irei enganar-te ou faltar com a verdade.

Se pensas que não tenho em ti a mais completa confiança, pondera minha situação e pergunta a ti mesmo se não confiei bastante em ti, talvez até demais. Lamento muito que só vás receber esta carta amanhã, mas não pude escrever antes. Confio que em tua bondade perdoes tudo o que possa parecer espontâneo demais ou contido demais e rogo que me consideres uma amiga calorosa e fiel.

Meu tio, minha tia e meu primo mandam gentis lembranças.

Preciso concluir, declarando mais uma vez ser

Sinceramente tua

MARIA BRANWELL

Para o reverendo Patrick Brontë, bacharel, Hartshead,
3 de outubro de 1812

Como pode um amigo querido causar-me tão cruel decepção? Se ele soubesse como esperei em meu coração receber uma carta esta tarde e como fiquei desapontada quando a correspondência chegou e não havia nada para mim, estou certa de que ele não teria permitido que alguma questão de somenos o impedisse de escrever. Contudo, qualquer que tenha sido o motivo de não teres escrito, não posso acreditar que tenha havido negligência ou falta de consideração, portanto, não te culpo nem um pouco, somente peço que no futuro julgues meus sentimentos de acordo com os teus próprios e, se possível, nunca me deixes esperar por uma carta sem recebê-la... Posso esperar que, agora, alguma notícia esteja a caminho? Ou minha paciência deve ser testada até que te veja na quarta-feira? Mas quanta bobagem estou escrevendo! Depois disso, com certeza, não terás dúvida de ser dono de todo o meu coração. Há dois meses eu não poderia ter acreditado que ocuparias tão completamente meus pensamentos e afeições e, menos ainda, poderia ter pensado que ousaria dizer-te isso. Acredito que preciso proibir-te de tornar a vir aqui, a menos que possas garantir-me que não roubarás mais nem um pouco do meu afeto...

Agora preciso despedir-me. Acredito não precisar afirmar que sou tua sincera e muito afetuosa,

MARIA BRANWELL

Para o reverendo Patrick Brontë, bacharel, Hartshead,
21 de outubro de 1812

Com o mais sincero prazer deixo meus companheiros para conversar com aquele a quem amo mais que a todos. Se meu amado pudesse ver meu coração, convencer-se-ia de que o afeto que lhe tenho não é inferior ao que tem ele por mim — de fato, às vezes penso que o meu afeto supera o dele em sinceridade e constância. Mas que isso não te leve a pensar que abrigo qualquer suspeita de tua sinceridade — não, acredito com firmeza que és sincero e generoso e não tenho qualquer dúvida de que sentes tudo o que expressas. Em contrapartida, peço-te que me faças a justiça de acreditar que tens não só *uma imensa porção* do meu *afeto e estima*, mas também *tudo* o que sou capaz de sentir. Doravante passarei a medir meus sentimentos pelos teus. Se meu amor por ti não fosse muito grande, como eu poderia deixar tão tranquilamente meu lar e todos os meus amigos — um lar que amei a ponto de pensar com frequência que nenhuma recompensa seria suficiente para me fazer renunciar a ele por qualquer período mais longo; e amigos com quem estou tão habituada a compartilhar todas as vicissitudes da alegria e da tristeza? No entanto, eles perderam o peso, e embora nem sempre possa pensar neles sem suspirar, a perspectiva de compartilhar contigo todos os prazeres e dores, preocupações e ansiedades da vida, de contribuir para teu conforto e me tornar a companheira de tua peregrinação é mais prazerosa para mim que qualquer outra possibilidade que este mundo possa oferecer...

Eu deveria ter ficado muito feliz por meus esforços terem podido diminuir tua fadiga e animar teu espírito na última segunda-feira. Espero que este prazer ainda me esteja reservado. Em geral, sinto uma tranquila confiança nos cuidados providenciais e na piedade constante de Deus; quando penso na proteção e nas graças que me foram concedidas por Ele no passado, sou levada a admirá-lO e adorá-lO. A percepção da minha pequena contribuição de amor e gratidão para com Ele muitas vezes me torna humilde e me faz pensar que sou um pouco melhor que aqueles que não têm qualquer religião. Reza por mim, querido amigo, e tem certeza de que sois possuidor de uma imensa parte das preces, dos pensamentos e do coração de tua sincera,

M. Branwell

# *Maria Bicknell (Constable)*
1788-1828

EM 1800, AOS 12 ANOS, Maria Bicknell conheceu John Constable quando foi a East Bergholt, em Stour Valley, em visita ao avô, Durand Rhudde, o abastado pastor da região. No entanto, foi só em 1809 que Maria e Constable se apaixonaram. Contanto, o avô dela era veementemente contrário ao casamento e ameaçou deserdar não só Maria, mas também os quatro irmãos dela, se o casamento se realizasse.

John Constable havia vivido toda a vida em East Bergholt, onde seu pai era comerciante e dono de um moinho. Desde criança, Constable adorava pintar e desenhar, tendo se afastado dos negócios da família assim que pôde para estudar arte. Em 1809, ainda era um jovem artista plástico tentando ganhar a vida, decidido a pintar paisagens (em vez de retratos, mais lucrativos), começando a fazer algum progresso, mas ainda dependendo da família e dos amigos.

Durante os sete anos seguintes, Maria e Constable mantiveram um namoro baseado em encontros clandestinos e correspondência secreta, enquanto o rapaz insistia na carreira artística. Em 1816, apesar da oposição implacável do Dr. Rhudde, Maria decidiu que já bastava. Os jovens se casaram em outubro. Com o tempo, o Dr. Rhudde acabou por ceder, deixando para Maria, ao morrer, em 1819, uma herança igual à dos irmãos. Embora não gostasse de pintar retratos, em julho de 1816, logo depois de Maria concordar finalmente em casar-se com ele, Constable pintou um retrato muito comovente da noiva (hoje no acervo da galeria Tate), sobre o qual escreveu a ela: "Estou sentado diante de teu retrato — o qual, quando tiro os olhos do papel, é tão fiel que mal posso evitar ir até ele — nunca havia imaginado quanto prazer um retrato pode dar."

Tendo superado o obstáculo à felicidade em sua vida pessoal, Constable lutou durante décadas para ter seu estilo de pintura de paisagens aceito pela Academia, pelos críticos e pelo público. A saúde de Maria era frágil; em 1828, tendo dado à luz sete filhos em 11 anos, a Sra. Constable morreu de tuberculose. Três meses mais tarde, o marido finalmente foi eleito membro da Academia. Ele morreu em 1837. Suas telas, muitas das quais ele se recusou a vender em vida, agora são negociadas por grandes quantias e figuram em galerias de todo o mundo. Seus méritos ainda são objeto de acalorada controvérsia.

$\text{\textcyrillic{Ob}} \quad \text{\textcyrillic{Ob}} \quad \text{\textcyrillic{Ob}}$

Para John Constable
Spring Grove, 4 de novembro de 1811

Meu caro Sr. — acabei de receber uma carta de meu pai. Ela é precisamente o que eu esperava, razoável e gentil; a única objeção dele diria respeito àquele necessário e maldito dinheiro. O que podemos fazer? Eu gostaria de tê-lo, mas os desejos são vãos: precisamos ser prudentes e evitar uma correspondência que não é calculada para fazer-nos pensar mal um do outro. Muitas provas difíceis são exigidas de nós nesta vida e precisamos aprender a passar por elas com resignação. Ainda serás meu amigo e eu serei tua amiga; nesta condição, deixa-me aconselhar-te a ir para Suffolk, onde certamente estarás melhor. Escrevi a papai, embora em sã consciência não possa pensar que ele vá voltar atrás em qualquer coisa que tenha dito, caso em que é melhor que eu não te escreva mais, pelo menos até que eu possa obter algum dinheiro. Ambos somos despreparados para a pobreza, não somos? Até a pintura seria prejudicada, não poderia sobreviver às preocupações domésticas.

Se dedicares atenção à tua profissão, contribuirás muito para trazer calma à minha mente... Permitirás que outros te superem e talvez me culpes por isso. Esforça-te enquanto ainda podes fazê-lo, o dever é o único caminho para a felicidade... Acredito que terei um prazer muito mais duradouro se souber que estás aproveitando o tempo do que teria se estivéssemos fazendo um passeio furtivo pelo parque. Contudo, não sou tão heroica a ponto de dizer, desejar ou afirmar que jamais devemos nos encontrar. Sei que isso seria impossível. Mas, então, vamos decidir fazê-lo raramente, não como uma escolha, mas como imposição da prudência. Adeus, amado John. Que todas as bênçãos recaiam sobre ti e, pelo interesse que sinto por teu bem-estar, perdoa-me o conselho que dou a ti que com certeza estás mais preparado para advertir-me. Penso que aquilo de que mais precisamos agora é de decisão; para o bem de ambos, precisamos evitar o convívio um do outro.

Para John Constable, em 15 de setembro de 1816

Papai é contrário a tudo o que proponho. Por favor, escreve para ele; isso não fará bem nem mal. Espero que não façamos algo muito imprudente... Uma vez mais, e pela última vez! Não é tarde demais para seguir os conselhos de papai e esperar. Apesar de tudo o que escrevi, farei o que achares melhor... O tempo está encantador, e isso me anima.

Claire Clairmont
1798-1879

CLAIRE CLAIRMONT FOI CRIADA em um ambiente doméstico caótico. Sua mãe, Mary Jane Vial, adotava o nome de Sra. Clairmont, embora não exista qualquer prova de que tenha sido casada; Claire, provavelmente, foi filha ilegítima. Mary Jane era uma mulher empreendedora que trabalhava como tradutora de francês e editora de livros infantis. Era vizinha do escritor e filósofo político William Godwin, com quem se casou depois que a mulher dele, Mary Wollstonecraft, morreu de parto. A casa no norte de Londres abrigava cinco crianças, todas filhas de pais e mães diferentes: Claire e o meio-irmão Charles; a irmã de criação Mary Godwin; Fanny Imlay, filha de Mary Wollstonecraft e Gilbert Imlay; e, a partir de 1803, William Godwin, filho de Mary Jane e William.

Em 1814, Mary Godwin, irmã de criação de Claire, fugiu para a Europa com Percy Bysshe Shelley, o qual estava fugindo de relações complicadas e dolorosas, inclusive um casamento fracassado. O casal foi acompanhado por Claire. Esse arranjo pode ser considerado incômodo e na verdade, pelo resto da vida, aquela que se tornou

Mary Shelley foi intermitentemente atormentada pelo relacionamento do marido com a irmã de criação. Ao voltar a Londres, em 1816, Claire passou a assediar o poeta Byron, o consagrado autor de *Childe Harold* e famoso conquistador, indivíduo de má reputação cujo carisma irresistível e comportamento turbulento aterrorizavam mães ansiosas por toda a cidade de Londres. Aparentemente, Claire tinha um plano: naquele verão conseguiu promover um encontro entre Mary e Percy Shelley, Byron e ela própria no lago Genebra. Foi durante essa estadia em Genebra que os novos amigos passaram uma tarde contando histórias de terror, e Mary Shelley começou a escrever *Frankenstein*.

Em janeiro de 1817, de volta à Inglaterra, Claire deu à luz a filha de Byron, Allegra. A essa altura, o poeta já estava cansado de Claire, mas queria manter contato com a filha. No verão de 1818, Claire deixou que ele levasse Allegra para Veneza. Depois disso, Byron desestimulou qualquer contato entre a criança e a mãe. Após uma complicada série de acontecimentos — o costumeiro coquetel byroniano de sexo, escândalos, conflito doméstico, intriga política e tédio —, o poeta levou Allegra para um convento em Bagnacavallo, contra a vontade de Claire. Allegra morreu lá, aos 4 anos, provavelmente de febre tifoide.

Pelo resto da vida, Claire Clairmont se manteve viajando por toda a Europa, como governanta e acompanhante, muito amada pelos pupilos e empregadores, apesar de precisar esconder deles as ligações radicais do passado. Ela morreu tranquilamente aos 89 anos em Florença, onde foi enterrada. Em seu caixão foi colocado um xale que pertenceu a Shelley. O ressentimento que nutria contra Byron nunca diminuiu.

Para lorde Byron, 1816

Tu me pediste para escrever-te pouco, mas tenho muito a dizer. Também me pediste para acreditar que um capricho me faz cultivar a esperança de ter uma ligação sentimental contigo. Isso não pode ser um capricho, pois durante o último ano foste objeto de meus pensamentos em todos os momentos de solidão.

Não espero que me ames, não sou digna do teu amor. Sinto que és superior; no entanto, para minha surpresa e, mais ainda, para minha felicidade, revelaste paixões que eu acreditava não vivessem mais em teu peito. Será que também terei de experimentar com tristeza a falta da felicidade? Devo rejeitá-la quando for oferecida? Posso parecer-te imprudente, cruel, de opinião detestável, de teoria imoral; mas algo pelo menos o tempo irá demonstrar: eu te amo com delicadeza e afeto, sou incapaz de qualquer coisa que se aproxime do sentimento de vingança ou maldade; garanto que teu futuro será o meu e não questionarei nada que possas fazer ou dizer.

Então, fazes alguma objeção ao seguinte plano? Na noite de quinta-feira, sairemos juntos da cidade em uma diligência ou coche postal até uma distância de 15 ou 20 quilômetros. Lá seremos livres e desconhecidos; podemos voltar cedo na manhã seguinte. Organizei tudo por aqui de modo a não causar a menor suspeita. Por favor, faz o mesmo em tua casa.

Aceitarás que eu fique contigo lá por um momento? Na verdade, não ficarei nem um instante depois que me mandares embora. Tanto pode ser dito e feito numa curta entrevista e que uma carta não pode realizar. Seja o que for que faças, onde quer que vás, se te recusares a me ver ou me maltratares, nunca te esquecerei. Sempre lembrarei tuas maneiras gentis e a originalidade de tuas feições. Uma vez tendo sido visto, é impossível seres esquecido. Talvez essa seja a última vez que te escrevo. Uma vez mais, então, deixa-me assegurar-te de que não sou ingrata. Em todos os aspectos agiste com honradez e só temo que minha falta de jeito e uma espécie de timidez tenham até agora me impedido de comunicar-te isso em pessoa.

CLARA CLAIRMONT

Também me receberás agora, já que espero em Hamilton Place por tua resposta?

Jane Welsh (Carlyle)
1801-1866

JANE WELSH NASCEU EM HADDINGTON, nas imediações de Edimburgo, na Escócia, filha única de pai e mãe escoceses. O pai era médico. Ela foi uma criança precoce, com uma mente ágil e curiosa; seu pai, a quem ela adorava, providenciou para que ela recebesse aulas particulares do religioso e literato Edward Irving. Com a morte do pai, em 1819, Jane ficou desolada. Suas únicas ocupações eram atender a compromissos sociais e manipular os diversos admiradores, inclusive seu antigo professor, que procurou sem sucesso romper o noivado com outra mulher para casar-se com ela. Foi ele quem, em 1821, apresentou Jane ao estudioso e ensaísta Thomas Carlyle.

A mãe de Jane não considerava Carlyle um marido desejável, e a moça pensava o mesmo, embora valorizasse a inteligência e o aconselhamento intelectual que recebia do ensaísta. Eles finalmente se casaram em 1826. Aparentemente, Jane via sua opção em termos absolutos: casou-se com Carlyle, que ela considerava um gênio, para fugir à vida monótona à sua espera em Haddington.

A vida conjugal dos Carlyle foi tempestuosa (segundo o romancista Samuel Butler: "Deus foi muito bom quando permitiu que Carlyle se casasse com a Sra. Carlyle, pois dessa forma só duas pessoas ficam infelizes, em vez de quatro.") Embora o casamento tenha durado quarenta anos, não se sabe ao certo se ele chegou a ser consumado. Jane foi indispensável ao trabalho do marido, principalmente quando a criada de um amigo acidentalmente pôs fogo no manuscrito quase completo da obra de Carlyle sobre a história da Revolução Francesa. Com o firme apoio de Jane, Carlyle conseguiu reconstruir o texto.

Durante algum tempo, o casal morou na Escócia, onde Jane se sentia solitária, isolada e infeliz. Quando eles se mudaram para Londres, em 1834, ela assumiu o papel de anfitriã, recebendo alguns dos escritores, artistas e políticos mais renomados da época, inclusive Dickens, Thackeray e Tennyson. O casamento passou por sérias dificuldades em 1843, quando Thomas interessou-se por Lady Harriet Baring, que, juntamente com o marido, recebia em grande estilo em sua mansão de Piccadilly ou na casa de campo. A saúde de Jane era precária. Ela se drogava com morfina e tinha dificuldade em entender como sua aposta em um casamento com Carlyle trouxera tão maus resultados: ela acabou excluída do círculo onde havia brilhado, pois Lady Harriet deixou claro que os convites eram dirigidos exclusivamente a Thomas.

Lady Harriet morreu em 1857, e a fase final do casamento parece ter sido mais feliz e mais tranquila que as décadas anteriores, cheias de rancor e ressentimento. Jane Carlyle morreu em sua carruagem quando estava atravessando o Hyde Park, em 1866. Imediatamente, o marido começou a trabalhar na obra biográfica *Reminiscences* e em uma coletânea das cartas da esposa, revelando a intenção de conquistar para ela uma fama póstuma que ele julgava merecida. Embora tal franqueza (talvez ingênua) tenha causado algum escândalo, o objetivo do autor foi amplamente alcançado. A habilidade de Jane Carlyle como correspondente é notória, e suas cartas costumam ser consideradas as mais bem-escritas na língua inglesa. Não é possível afirmar se em outra época ela poderia ter alcançado sucesso como artista, mas, considerando seus talentos evidentes, não se pode deixar de especular.

Para Thomas Carlyle
Templand, terça-feira, 3 de outubro de 1826

Não é gentil de tua parte deixar que eu me sinta infeliz quando te é tão fácil levar-me ao sétimo céu! Minha alma estava mais negra que a meia-noite quando tua pena declarou "Faça-se a luz" e a luz *se fez*, em obediência ao comando da palavra. E agora meu espírito está decidido e estou até mesmo alegre; alegre, mesmo diante da perspectiva da temida cerimônia, de *passar fome* e de qualquer futuro possível.

Ó, meu mais querido amigo! Sê sempre tão bom para mim e eu serei para ti a melhor e a mais feliz das esposas. Quando leio em teu rosto e em tuas palavras que me amas, sinto esse amor no âmago da minha alma; então, não dou a mínima importância a todo o universo a meu redor; porém, quando foges das minhas carícias para fumar ou quando te referes a mim como uma nova *circunstância* em teu destino, então, "meu coração se confrange por muitas razões".

Minha mãe ainda não chegou, mas espero por ela esta semana; a próxima semana deve ser dedicada a ela para que possa lançar um último olhar sobre sua filha; e então, amado, se Deus quiser, serei tua para sempre...

Ó, bondade divina! O que eu não daria para estar sentada em nossa casa de bonecas, casada há uma semana!...

É bem possível que eu retribua *um* dos *vinte*. Mas na verdade, querido, esses beijos no papel quase não merecem ser guardados. Tu me deste um beijo no pescoço naquela noite em que estávamos de tão bom humor e um nos lábios em alguma ocasião esquecida, e esses eu não trocaria por 100 mil beijos no papel. Talvez algum dia eu deixe

de ganhá-los de qualquer espécie: *sic transit gloria mundi**...
Então, não se cumpra a minha vontade, mas a tua. Serei,
na verdade, uma esposa de temperamento muito dócil; de
fato, já comecei a ser dócil. Minha tia me diz que poderia
passar a vida toda *comigo* sem discutir — eis como sou razoável e constante em meu humor. Eis algo com que também podes esperar alegrar teu coração! E mais ainda: a
noite passada, enquanto eu sorvia meu mingau, meu avô
observou que "ela era mesmo uma coisinha muito doce e
tranquila, aquela *Pen*". Portanto, meu caro senhor, podes
perceber que, se não vivermos harmoniosamente juntos, a
culpa será toda tua... Mas preciso parar. E essa será a minha última carta. Que pensamento terrível, mas ao mesmo tempo cheio de bem-aventurança. Tu me amarás para
sempre, não é verdade, meu Marido? E eu serei sempre
tua fiel e amorosa

JANE WELSH

Para Thomas Carlyle
Liverpool, 2 de julho de 1844

De fato, querido, pareces já estar quase bastante infeliz!
Entende, não quero que sofras fisicamente, apenas moralmente; saber que precisaste tomar café à noite e tudo o
mais não me dá uma *satisfação cruel*, me deixa muito triste.

---

* Em latim: "a glória mundana é transitória." *[N. da T.]*

É curioso quanto desconforto sinto sem ti, quando sou eu que me afasto e não, como costumava ser, tu quem se afasta. Desde que cheguei aqui tenho me perguntado como, mesmo nos momentos de maior raiva, posso falar em te deixar para sempre. Pois, com certeza, se tivesse de te deixar hoje *nesses termos*, teria absoluta necessidade de voltar amanhã para ver como *estavas reagindo*.

George Sand
1804-1876

AMANDINE AURORE LUCILE DUPIN, cujo pseudônimo era George Sand, nasceu em uma rica família francesa dona de uma propriedade rural em Nohant, perto do vale do rio Indre. Aos 19 anos, Sand casou-se com o barão Casimir Dudevant, mas o casamento não foi feliz e, aos 27 anos, ela abandonou o marido e os dois filhos e partiu para Paris, onde relacionou-se com um grupo de escritores que incluía o famoso crítico Saint-Beuve. Em 1832, Amandine publicou seu primeiro romance, *Indiana*, sob o pseudônimo de George Sand (adaptação do nome de um amante e colaborador chamado Jules Sandeau). O livro era uma crítica direta às desigualdades das leis francesas da época que regulavam o casamento, e um apelo pela educação e igualdade das mulheres.

As maneiras de George Sand, que se vestia de homem, fumava e tinha muitos amantes, eram motivo de escândalo (na verdade não era preciso muito). Ela era uma escritora prolífica de romances, peças e ensaios. Embora seu estilo de vida, sua aparência e suas convicções feministas e democráticas fossem objeto de opróbrio, Sand, evidentemente, era muito atraente.

Um de seus casos de amor mais famosos foi com o poeta Alfred de Musset, sete anos mais novo do que ela. Aos 22 anos, ele a cortejou numa famosa carta de 1833 em que declarava seu amor por ela, então com 29 anos. George deixou-se persuadir, e eles embarcaram em viagem para a Itália; não é muito claro o que ocorreu, mas a tentativa foi um desastre e pouco depois o relacionamento teve um fim conturbado. O que se sabe é que os dois ficaram doentes (diz-se que a doença dele foi consequência de sua predileção pelo absinto, que pode ser fatal), e George, num acesso de impetuosidade romântica, apaixonou-se pelo médico veneziano Pietro Pagello. Esse último relacionamento não durou quase nada; a carta endereçada a Pagello pode explicar o motivo, em especial o apelo de George: "Não aprendas meu idioma, e eu não irei procurar no teu palavras que expressem minhas dúvidas e meus temores. Quero ignorar o que fazes de tua vida e que papel desempenhas com teus companheiros. Não quero nem mesmo saber teu nome."

Depois de muitas aventuras, George Sand voltou para a propriedade da família em Nohant, onde levou uma vida mais tranquila, recebendo visitas frequentes dos inúmeros amigos de seu passado memorável. Lá ela morreu, aos 79 anos.

❧ ❧ ❧

Para Alfred de Musset, 15-17 de abril de 1834

Meu querido anjo, não recebi qualquer carta de Antonio e estava num estado espantoso de ansiedade. Estive com Vicenza com o objetivo de saber como havias passado a primeira noite. Só soube que cruzaste a cidade pela manhã. Dessa forma, a única notícia que tive de ti foram as duas linhas que escreveste de Pádua, e não sei o que pensar. Pagello me disse que, se estivesses doente, com certeza Antonio nos teria escrito, mas sei que neste país as cartas se perdem ou ficam seis semanas a caminho. Estava desesperada. Por fim, recebi tua carta de Genebra. Oh, quanto te agradeço por ela, minha criança! Como ela é gentil e como me animou! É mesmo verdade que não estás doente, que estás forte e não sofres? Estou sempre com medo de que, por afeição, estejas exagerando tua boa saúde. Possa Deus dar-te saúde e proteger-te, meu *cher petit*. Isso me é tão necessário quanto a tua amizade. Sem um e a outra, não posso esperar ter sequer um único dia agradável.

Não acredites, não acredites, Alfred, que eu possa ser feliz pensando que perdi teu amor. Que importa se fui tua amante ou tua mãe? Que meu amor ou minha amizade te hajam inspirado, que eu tenha sido feliz ou infeliz contigo, nada disso muda meu estado de espírito no momento Sei que te amo, e isso é tudo. [Três linhas foram apagadas.] Cuidar de ti, preservar-te de todo mal, de qualquer contrariedade, cercar-te de divertimentos e prazeres, isso é tudo de que preciso e sinto falta desde que te perdi. Por que uma tarefa tão doce, que eu teria executado com tanta alegria, torna-se pouco a pouco tão amarga e por fim, subitamente, fica impossível? Que fatalidade transformou em veneno as poções que eu te oferecia? Como é possível que eu, que teria dado todo o meu sangue para proporcionar-te uma noite de repouso e paz, me tornei para ti um tormento, um castigo, um espectro? Quando essas lembranças atrozes me perseguem (e quando elas me deixarão em paz?), fico quase louca. Molho meu travesseiro com lágrimas. Ouço tua voz chamando no silêncio da noite. Quem irá me chamar agora? Quem precisará de minha vigília? Como usarei a força que acumulei para ti e que agora se volta contra mim? Oh, minha criança, minha criança! Como preciso de tua ternura e de teu perdão! Nunca peças meu perdão, nunca digas que me prejudicaste. O que sei eu? Não me lembro de nada, a não ser de que fomos muito infelizes e nos separamos. Porém sei, sinto que nos amaremos por toda a vida, de todo o coração e toda a inteligência, que tentaremos por meio de uma afeição sagrada [palavra apagada] curar-nos mutuamente dos males que nos causamos.

Ai de mim, não! Não foi culpa tua. Obedecemos a nosso destino, pois nossos temperamentos, mais impulsivos que os dos outros, nos impediram de aceitar a vida de enamorados quaisquer. No entanto, nascemos para conhecer e amar um ao outro, tem certeza disso. Se não fosse por tua juventude e pela fraqueza que tuas lágrimas me causaram, certa manhã, teríamos permanecido irmão e irmã...

Estás certo, nossos amplexos eram incestuosos, mas não o sabíamos. Lançamo-nos inocente e sinceramente nos braços um do outro. Bem, então, tivemos uma única lembrança desses amplexos que não tenha sido casta e sagrada? Em um dia de febre e delírio me censuraste por nunca ter-te feito sentir os prazeres do amor. Isso me causou lágrimas e agora estou convencida de haver alguma verdade naquele discurso. Estou bem contente que aqueles prazeres tenham sido mais austeros, mais velados do que os que encontrarás em outro lugar. Pelo menos, não te lembrarás de mim quando estiveres nos braços de outra mulher. No entanto, quando estiveres só, quando sentires necessidade de rezar e chorar, pensarás em tua George, tua verdadeira companheira, tua enfermeira, tua amiga ou algo melhor do que tudo isso. Pois o sentimento que nos une é feito de tantas coisas que não se compara a qualquer outro. O mundo nunca irá compreendê-lo. Tanto melhor. Nós nos amamos e podemos ignorar o mundo...

Adieu, adieu, minha querida criança. Escreve-me sempre, eu te peço. Ah, se eu soubesse que chegaste a Paris em segurança e com saúde!

Lembra que me prometeste cuidar de ti. *Adieu*, meu Alfred, amor da tua George.

Peço-te que me mandes 12 pares de luvas acetinadas, seis amarelas e seis coloridas. Acima de tudo, manda-me os versos que escreveste. Todos eles, não tenho nenhum!

Para Pietro Pagello
Veneza, 10 de julho de 1834

Nascemos sob céus diferentes e não temos os mesmos pensamentos ou o mesmo idioma — será que teremos corações semelhantes?

O clima suave e enevoado de onde venho dotou-me de sentimentos brandos e melancólicos; com que paixões terás sido agraciado pelo sol generoso que bronzeia tua face? Sei como amar e como sofrer; e tu, o que sabes do amor?

O ardor de teus olhares, o violento amplexo dos teus braços, o fervor do teu desejo são para mim tentações e motivo de temor. Não sei se devo combater tua paixão ou compartilhá-la. Não se ama dessa forma em meu país; a teu lado sou apenas uma estátua pálida que te olha com desejo, com perturbação, com espanto. Não sei e nunca saberei se de fato me amas. Mal conheces algumas palavras de meu idioma, e eu não conheço palavras suficientes do teu para tratar dessas questões sutis. Mesmo que conhecesse com perfeição a língua que falas, talvez não fosse capaz de me fazer compreender. Os lugares em que vivemos, as pessoas que nos instruíram, sem dúvida, são o motivo pelo qual temos ideias, sentimentos e necessidades mutuamente inexplicáveis. Minha natureza tímida e teu temperamento fogoso devem produzir pensamentos muito diferentes. Com certeza, ignoras ou desprezas os milhares de sofrimentos corriqueiros que me perturbam; deves achar graça naquilo que me faz chorar. Talvez nem saibas o que são as lágrimas. Serias para mim um amparo ou um senhor? Será que me consolarias pelos males que suportei antes de conhecer-te? Compreendes por que estou triste? Será que entendes de compaixão, paciência, amizade? Talvez tenhas sido criado com a ideia de que as mulheres não têm alma. Achas que elas a têm? Não és cristão ou muçulmano, civilizado ou bárbaro — és um homem? O que existe nesse peito masculino, por trás dessa fronte soberba, desses olhos leoninos? Alguma vez tens um pensamento mais nobre, mais refinado, um sentimento fraternal? Quando dormes, sonhas que estás voando em direção ao céu? Quando os homens te prejudicam, ainda confias em Deus? Serei tua companheira ou tua escrava? Tu me desejas ou me amas? Quando tua paixão for satisfeita, tu me agradecerás? Quando eu te fizer feliz, saberás como dizer isso? Sabes o que sou e te preocupa não sabê-lo? Sou para ti um ser desconhecido que deve ser buscado e com quem deves sonhar, ou a teus olhos sou uma mulher como aquelas que engordam nos haréns? Em teus olhos, onde vejo uma centelha divina, não existe senão a luxúria que essas mulheres inspiram? Conheces aquele desejo da alma que o tempo não sufoca, que nenhum excesso diminui ou exaure? Quando tua amante dorme em teus braços, permaneces desperto para velar por ela, para rogar a Deus e para chorar? Os prazeres do amor te deixam ofegante e brutalizado ou te lançam num êxtase divino? Tua alma toma conta de teu corpo quando te afastas do seio daquela a quem amas? Ah, quando te observar em calmo recolhimento, saberei se estás pensativo ou em repouso? Quando teu olhar enlanguescer-se, será de ternura ou de cansaço? Talvez percebas que não te conheço e que não me conheces. Desconheço tua vida passada, teu caráter, ou o que pensam de ti teus conhecidos. Talvez sejas o primeiro, talvez o último dos homens. Eu te amo sem saber se posso estimar-te; amo-te porque me agradas e talvez algum dia seja compelida a detestar-te. Se fosses meu compatriota, eu te faria pergunta, e me entenderias. Mas talvez eu ficasse ainda mais infeliz, porque me enganarias. Da forma como estamos hoje, pelo menos não me enganarás, não farás promessas vãs e juras falsas. Terás por mim amor da forma como compreendes o amor, da forma como podes amar. Aquilo que em vão procurei encontrar em outros, talvez não encontre em ti, mas sempre poderei acreditar que o tens. Aqueles olhares, aquelas carícias de amor que nos outros sempre foram mentiras para mim, tu me permitirás interpretá-las como quiser, sem somar a elas palavras enganosas. Poderei interpretar tuas divagações e encher teu silêncio de eloquência. Atribuirei a tuas ações as intenções que desejo encontrar nelas. Quando me olhares com ternura, acreditarei que tua alma olha a minha; quando olhares para o céu, acreditarei que tua mente se volta para a eternidade onde foi gerada. Vamos permanecer assim, não aprendas meu idioma e eu não procurarei encontrar no teu as palavras que expressem minhas dúvidas e meus medos. Quero ignorar o que fazes da tua vida e que papel desempenhas entre teus companheiros. Não quero nem mesmo saber teu nome. Oculta de mim tua alma, para que eu sempre possa acreditá-la bela.

Clara Wieck (Schumann)
1819-1896

CLARA WIECK NASCEU EM LEIPZIG, filha do renomado professor de piano Friedrich Wieck e de Marianne Tromlitz, uma soprano e ex-aluna de Wieck. Clara foi uma criança prodígio, e seu ambicioso pai formulou para ela um programa especial com aulas diárias de piano, violino, canto, harmonia, composição e contraponto. Ela deu o primeiro recital público em Leipzig, quando contava 9 anos. Seu primeiro encontro com o futuro marido, Robert Schumann, ocorreu quando ele veio estudar com o pai dela em 1830. Robert era um pianista talentoso, mas não lhe foi possível realizar seu potencial por conta de um ferimento na mão. Em vez de concertista, ele se tornou compositor e influente crítico.

Clara apresentou-se pela Europa acompanhada pelo pai entre 1831 e 1835, enquanto trabalhava também nas próprias composições. Ela já era reconhecida como virtuose na França e na Alemanha quando Schumann começou a cortejá-la, em meados de 1830. Em 1837, ele a pediu em casamento; a resposta dela pode ser vista a seguir. No entanto, Friedrich não deu seu consentimento e seguiram-se três anos de acirrada disputa. Finalmente, os dois conseguiram a permissão para casar-se na Corte de Apelações de Leipzig. Casaram-se em 1840, um dia antes de Clara completar 21 anos. À luz dos eventos posteriores podemos questionar se Friedrich viu no jovem passional os sinais da instabilidade mental que mais tarde atormentaria a vida do compositor. O ano do casamento também foi o ano em que Robert compôs mais de cem de suas famosas *Lieder*.

Entre 1841 e 1854, Clara Schumann teve oito filhos, um dos quais morreu na primeira infância. A família viajava por toda Europa, e Clara interpretava as composições de Robert. Em 1850, eles se fixaram em Düsseldorf, onde o compositor se tornou diretor da orquestra municipal.

Em 1844, Robert começou a sofrer de depressão e delírios. Ele se recuperou, mas teve uma recaída em 1854 e tentou se afogar no Reno, quando Clara estava grávida do oitavo filho. Foi salvo, porém internado em um hospício, onde morreu dois anos depois.

Clara viveu 40 anos mais que o marido, criando sozinha os filhos, quatro dos quais morreram antes dela. Pelo resto da vida ela ensinou, apresentou-se em recitais por toda a Europa e se devotou a fazer a fama do marido como compositor. Ela deu o último concerto público em 1891, aos 72 anos, e morreu em 1896, de um derrame.

Só recentemente a reputação de Clara Schumann como compositora foi reavaliada. Embora tenha escrito música desde muito pequena, ela pareceu perder a autoconfiança à medida que crescia, declarando: "No passado acreditava que possuísse talento criativo, mas desisti dessa ideia; uma mulher não deve desejar compor — até hoje nenhuma foi capaz de fazê-lo. Eu deveria esperar ser essa mulher?"

❧ ❧ ❧

Para Robert Schumann
Leipzig, 15 de agosto de 1837

Tu me pedes apenas um "Sim"? Uma palavra tão pequena — mas tão importante. No entanto, um coração tão cheio de indescritível amor como o meu não deveria dizer essa palavrinha com toda a sua força? Eu o faço e minha alma mais profunda sempre sussurra para ti.

Eu poderia descrever as dores do meu coração, as inúmeras lágrimas, mas não! Talvez o destino comande que nos vejamos em breve e então — tua intenção me parece arriscada, e, no entanto, um coração amoroso não dá muita importância aos perigos. Porém, mais uma vez digo-te "Sim". Será que Deus faria do meu 18º aniversário um dia de tristeza? Oh, não! Isso seria por demais horrível. Ademais, há muito sinto que "tem de ser", nada no mundo me convencerá a evitar aquilo que julgo certo e mostrarei a meu pai que o mais jovem dos corações também pode ter um propósito inabalável.

Tua Clara

Rainha Vitória
1819-1901

VITÓRIA ERA FILHA ÚNICA DA PRINCESA Victoire de Saxe-Coburg-Saalfeld e de Edward, duque de Kent, o quarto filho do rei George III. O duque morreu em 1820, e Vitória foi criada no palácio de Kensington, em relativo isolamento. Aos 10 anos, foi informada de seu provável destino, ocasião em que, de acordo com a tradição, exclamou: "Eu serei boa!" Ela ascendeu ao trono em 1837, aos 18 anos.

Naquele mesmo ano, Vitória foi apresentada ao primo, o príncipe Albert de Saxe-Coburg e Gotha, um pretendente favorecido pela mãe da jovem rainha; esta, contudo, estava desfrutando o sabor da independência e não tinha pressa em mudar sua condição. Foi somente quando Albert tornou a se apresentar, em 1839, que ela se apaixonou por ele. Como rainha, Vitória precisava pedir Albert em casamento, o que deve ter sido motivo de algum constrangimento, mas ele aceitou o pedido e os dois se casaram em 10 de fevereiro de 1840.

O temperamento da rainha — decidido, obstinado e sociável — foi alterado pelo casamento. Albert compensava a condição de superioridade da esposa com um domínio absoluto na esfera doméstica e punia as transgressões da mulher com a retirada do afeto. Aterrorizada com a possibilidade de perder o marido, de quem era cada vez mais dependente, Vitória cedia, e a harmonia era restaurada. As cartas dele, inicialmente dirigidas à "Amada Vitória", passaram a começar por "Querida Criança". Naturalmente, o equilíbrio de poder mudou quando o casal começou a constituir uma família; entre 1840 e 1857, Vitória teve nove filhos; todos eles chegaram à vida adulta, o que era bem incomum na época.

Na década de 1840, Albert compartilhava do poder em tudo, exceto no nome, e o fato de não ter um título oficial era constante fonte de preocupação para Vitória. Em 1854, e novamente em 1856, ela tentou fazer com que ele fosse declarado príncipe consorte pelo Parlamento. Quando a segunda tentativa fracassou, ela própria conferiu-lhe o título.

Em todos os assuntos de Estado, Albert era consultado pela esposa, que seguia a orientação dele. Ele administrou sozinho a construção das novas residências reais de Balmoral, na Escócia, e Osborne House, na ilha de Wight, além de supervisionar a Grande Exposição de 1851 no Palácio de Cristal. É impossível exagerar o grau de dependência de Vitória em relação ao marido. Os filhos tinham importância secundária em seu afeto, e ela não fazia nada sem a aprovação expressa do cônjuge. Quando ele morreu, em 1861, provavelmente de câncer de estômago, ela ficou absolutamente inconsolável e mergulhou a corte em um luto profundo, impressionante até mesmo para os padrões rígidos da época. Ela declarou: "Os desejos *dele* — *seus* planos sobre todas as questões, *suas* opiniões sobre *tudo* devem ser *minha lei*! Nenhum poder humano me fará desviar-me do que ele decidiu ou quis." Ela não tornou a ser vista em público até 1872, mesmo assim apenas em obediência à pressão de seus conselheiros mais importantes, que temiam o crescimento do sentimento republicano na população.

Vitória era uma pessoa fascinante: decidida, porém inteiramente submissa ao marido; ativista política a um grau alarmante, porém movida por preferências e antipatias pessoais; antissufragista convicta (não querendo ter qualquer relação com "*os pretensos e muito equivocados* 'Direitos da Mulher'", conforme escreveu a um de seus principais ministros), enquanto detinha mais poder que qualquer outra mulher no mundo e era fascinada pelo título de "Victoria *regina et imperatrix*" (Vitória, rainha e imperatriz). Ela morreu em 1901, tendo celebrado o jubileu de diamante. A rainha considerava degradante sorrir em retratos e fotografias (muito ao estilo da Victoria *regina et imperatrix* de nossos dias, a Sra. Beckham), e a imagem da mulher baixinha — 1,50m —, pesada de corpo, de ar severo, vestida de preto, tornou-se tradicional. No entanto, existe uma fotografia tirada em 1898 por Charles Knight em que ela foi apanhada de surpresa com um sorriso e todo o seu aspecto se transforma.

A primeira carta a seguir foi escrita para Albert, dez dias antes do casamento. Ela mostra Vitória em seu estado "anterior", quando ainda se sentia bastante à vontade para exercer autoridade sobre o futuro marido. Ele estivera advogando uma lua de mel prolongada no campo e a rainha lembra a ele em termos bastante diretos que seu dever é ficar em Londres. A segunda carta, dirigida ao tio, o rei Leopoldo, revela um pouco de seu sofrimento após a morte do marido.

❧ ❧ ❧

Para o príncipe Albert
Palácio de Buckingham, 31 de janeiro de 1840

… Em uma de tuas cartas escreveste sobre nossa estadia em Windsor, porém, querido Albert, de forma alguma entendeste a questão. *Esqueces, meu querido Amor, que sou a Soberana e essa função não cessa nem espera por nada. O Parlamento está reunido e diariamente surgem questões para as quais sou necessária, e é virtualmente impossível para mim me ausentar de Londres; portanto, dois ou três dias já são um tempo bastante longo para estar ausente. Nunca fico à vontade se não estou aqui, vendo e ouvindo o que se passa, e todos, inclusive minhas tias (todas muito experientes nessas matérias), dizem que devo sair após o segundo dia, pois preciso estar cercada pela corte e não posso ficar sozinha. Esse também é meu desejo em todos os aspectos.*

Agora, quanto às Armas Reais: *na qualidade de príncipe inglês, não tens esse direito, e o tio Leopoldo não tinha o direito de exibir as Armas Reais da Inglaterra, mas o Soberano tem o poder de autorizar esse uso por meio de um Edito Real: isso foi feito para meu tio Leopoldo pelo Príncipe Regente, e farei o mesmo por ti. Mas só pode ser feito por meio de um Edito Real.*

Portanto, sem demora, mandarei gravar um selo para ti... li nos jornais, querido Albert, que recebeste muitas Ordens; também li que a rainha da Espanha irá enviar-te a Ordem do Tosão de Ouro...

Adeus, querido Albert, pensa sempre em tua fiel

Victoria R.

Para o rei da Bélgica
Osborne, 20 de dezembro de 1861

Meu *mais amado*, mais *bondoso PAI*, — pois como tal *sempre* te amei! A pobre criança órfã de 8 meses é, agora, a viúva profundamente infeliz e arrasada de 42 anos! A *felicidade* da minha *vida finou-se!* Para *mim*, o mundo se foi! Se *tenho* que continuar a *viver* (e não farei nada que me deixe pior do que estou), a partir de agora é apenas pelas pobres crianças sem pai — por meu triste país, que *tudo* perdeu ao perdê-lo — e *somente* para fazer o que sei e *sinto* que ele desejaria, pois ele *está* junto de mim — seu espírito será meu guia e minha inspiração! Mas, oh, ser cortado na plenitude da vida — ver nossa vida doméstica pura, feliz, tranquila, *só o* que me permitia suportar minha posição muito detestada, ser EXTIRPADA aos 42 anos — quando eu *esperava,* com certeza instintiva, que Deus nunca nos *separaria* e nos deixaria envelhecer juntos (embora ele sempre falasse da brevidade da vida) — *é ruim demais,* cruel demais! E, no entanto, isso *deve* ser para o bem *dele,* para a felicidade *dele!* Sua pureza era tão grande, suas aspirações elevadas *demais* para esse pobre e *miserável* mundo! Sua grande alma *agora só* desfruta *daquilo* que merecia! E *não* irei invejá-lo — apenas rezar para que a minha seja aperfeiçoada por esse sofrimento e se torne digna de permanecer com ele eternamente, momento abençoado pelo qual anseio intensamente. Querido, mais querido dos tios, *como* és bom por vires! Será um *consolo* indescritível e poderás fazer muito ao dizer às pessoas que façam o que precisam fazer. Quanto *a meus próprios bons* servidores pessoais — principalmente o pobre Phipps —, ninguém poderia ter mais dedicação, sentir mais tristeza e querer viver como *ele* desejaria!

A boa Alice esteve aqui e é maravilhosa.

O dia 26 é perfeito para mim. Tua devotada e infeliz Filha,

Victoria R.

Emily Dickinson
1830-1886

EMILY DICKINSON, uma das maiores poetisas do século XIX, pertencia a uma importante família de Massachusetts; seu avô foi fundador do Amherst College, e seu pai, foi tesoureiro e membro da legislatura de Massachusetts, do Senado Estadual e da Câmara de Representantes. Emily tinha um irmão mais velho, Austin, e uma irmã mais nova, Lavinia.

Ela estudou na Amherst Academy e posteriormente passou um ano no South Hadley Female Seminary, atualmente chamado Mount Holyoke College. Em 1848, tendo passado apenas um ano no colégio feminino, a jovem voltou para a casa da família, conhecida como Homestead, onde passou o restante da vida. Suas únicas incursões fora de Amherst foram viagens a Washington, D.C., e à Filadélfia, além de alguns passeios a Boston. Ela começou a escrever poemas aos 20 anos, encaixando seu trabalho nas folgas das atividades domésticas em Homestead.

O isolamento de Emily Dickinson de todos, menos da própria família, parece ter sido um processo gradual, mas coincidiu com seu período mais produtivo como poeta, nos primeiros anos da década de 1860. Seu mentor literário mais importante foi Thomas Wentworth Higginson, um escritor radical. Em 1862, depois que Higginson publicou um artigo na revista *Atlantic* dando conselhos a jovens escritores, Emily escreveu-lhe enviando parte do próprio trabalho. Ele encorajou-a (embora um pouco reticente quanto ao estilo dos poemas, que lhe parecia peculiar) e a correspondência entre os dois prosseguiu pelo restante da vida dela (eles se encontraram uma vez, em Amherst, no ano de 1870).

Um dos relacionamentos mais íntimos da poetisa foi com Susan Gilbert, que ela conheceu em criança na Amherst Academy, e para quem escreveu mais de trezentas cartas. Em 1856, depois de um namoro de quatro anos, Susan casou-se com o irmão de Emily, Austin, e o casal construiu perto de Homestead uma casa que foi chamada Evergreens. O casamento foi infeliz, mas eles viveram juntos nessa casa até o fim da vida.

A existência reclusa de Emily Dickinson em Amherst resultou numa biografia superficial — campo seguro para especulações irrelevantes e psicanálises simplórias. O que é indiscutível é o fato de que a vida de reclusão deixou-a livre para escrever quase 1.800 poemas, dos quais só uma pequena parte foi publicada antes da morte dela, em 1886. Com o tempo, porém, esses poemas mudaram para sempre a maneira de se pensar sobre poesia.

Depois da morte de Emily, foram encontrados em seu quarto mais de quarenta "fascículos" — livros e manuscritos de poemas que ela reuniu e encadernou pessoalmente. Entre 1890 e 1935, várias seleções foram publicadas (algumas editadas por Thomas Wentworth Higginson), mas essas versões foram pesadamente editadas para se adequarem às ideias da época sobre como deveria ser um poema. Foi somente em 1955 que surgiu o livro *The Poems of Emily Dickinson*, editado por Thomas H. Johnson, que restaurou a sintaxe, o uso de maiúsculas e a pontuação revolucionárias da poeta, revelando finalmente sua real genialidade.

Para Susan Gilbert (Dickinson), 6 de fevereiro de 1852

Deixarás que eu venha, querida Susie — assim como estou, com o vestido sujo e gasto, meu grande e velho avental e meu cabelo — oh, Susie, o tempo é curto para uma descrição detalhada da minha aparência, porém eu te amo tanto quanto se estivesse bem-cuidada, portanto não te importarás, não é mesmo? Estou tão feliz, querida Susie — que nossos corações estejam sempre limpos, sempre bem cuidados e adoráveis, de modo a não causar vergonha. Esta manhã estive mergulhada no trabalho e deveria estar trabalhando agora, mas não posso negar a mim mesma o prazer de ter um minuto ou dois contigo.

Os pratos podem esperar, querida Susie — e a mesa continua posta; a eles, eu tenho sempre junto a mim, mas a ti eu tenho "nem sempre" — *por que*, Susie, Cristo tem *muitos* santos, e eu só tenho *poucos*, mas tu — os anjos não terão a Susie — não, não, não!

Vinnie está costurando como uma costureira *fictícia* e quase espero ver assomar à porta um cavaleiro andante que confesse ser *um nada* diante da beleza dela, que lhe ofereça seu coração e sua mão como único resquício digno de ser recusado.

Hoje, Vinnie e eu estivemos conversando sobre envelhecer. Ela acha que *vinte* deve ser uma condição terrível para se ocupar — eu lhe digo que não me importa ser jovem ou não, a quase tudo preferiria alegremente ter trinta e ter a ti. Vinnie manifesta compreensão diante de minha "folha seca e amarelada" e retoma o trabalho. Querida Susie, diz-me o que *tu* achas — não é verdade que há dias em nossas vidas em que ser velha não parece uma coisa tão triste...

Nesta manhã me sinto grisalha e amarga, e penso que seria para mim um grande consolo ter uma vozinha sibilante e as costas curvadas e assustar as criancinhas. Não *fujas*, Susie querida, porque não farei nenhum mal e amo-te muito, embora me sinta tão assustadora.

Oh, minha querida, há quanto tempo estás longe de mim, como estou cansada de esperar e procurar e chama por ti; às vezes, fecho os olhos e fecho meu coração para ti e me esforço muito por esquecer-te, porque me causas tanta dor, mas nunca irás embora, oh, nunca irás — diz-me, Susie, promete mais uma vez, e eu irei sorrir de leve — e tomar novamente a minha pequena cruz de triste — *triste* separação. Como parece inútil *escrever* quando se sabe como sentir — como é muito melhor estar sentada a teu lado, falar contigo, ouvir as inflexões da tua voz; é tão difícil "negar a si mesmo, pegar a cruz e seguir" — dá-me forças, Susie, escreve-me palavras de esperança e amor e de corações que *resistiram* e grande foi para eles a recompensa do "nosso Pai que está nos Céus". Não sei como poderei suportar quando chegar a suave primavera; se ela pudesse chegar e me ver e falar-me de ti, oh, isso com certeza me mataria! Enquanto o gelo cobre as janelas e o mundo é severo e sombrio, essa ausência é mais fácil; a Terra também está enlutada por todas as suas avezinhas; mas quando todas elas voltarem, e a Terra cantar e for tão feliz — diz-me, o que será de mim? Susie, perdoa-me, esquece tudo o que digo, pede que alguma gentil estudiosa leia para ti um hino sereno sobre Belém e Maria e vai dormir docemente e ter sonhos pacíficos, como se eu jamais houvesse escrito para ti essas coisas feias. Não dês atenção à carta, Susie, não ficarei zangada contigo se não me deres nenhuma atenção, pois sei como és ocupada e que, quando a noite chega, pouco resta dessa preciosa força para pensar e escrever. Apenas *queira* escrever para mim, apenas alguma vez lamenta estar longe de mim, e isso será bastante, Susie! Não achas que somos boas e pacientes por deixarmos que te ausentes por tanto tempo; e não achas que és um amor, uma linda verdadeira heroína, para trabalhar pelas pessoas, ensiná-las e deixar tua própria casa querida? Por que nos consumimos e amofinamos, não penses que esquecemos a preciosa patriota que combate em terras distantes! Nunca fiques triste, Susie — sejas feliz e tenhas alegria por todos os longos dias que se passaram desde que te escrevi — e já é quase meio-dia, logo a noite virá e então haverá menos um dia nessa longa peregrinação. Mattie é muito esperto, fala *muito* de ti, minha querida. Preciso ir agora — "uma breve hora de Paraíso", agradece a quem ma concedeu e possa ele também me conceder uma mais longa e *mais*, quando for do agrado de seu amor — ei, traz a Susie para casa! Amor sempre, e para sempre, e verdadeiro!

EMILY

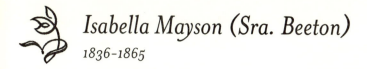 *Isabella Mayson (Sra. Beeton)*
1836-1865

ISABELLA MAYSON NASCEU PERTO DE CHEAPSIDE, na cidade de Londres, sendo a mais velha de quatro filhos. Seu pai, Benjamin Mayson, comerciante de artigos de cama e mesa, morreu quando ela contava 4 anos; em 1843, a mãe, Elizabeth, casou-se com Henry Dorling, que era assistente dos juízes de corridas de cavalos em Epsom. Henry era um viúvo com quatro filhos, portanto o casal começou a vida conjugal com uma prole de oito; a esses foi acrescentado o número quase incrível de 13 filhos ao longo de vinte anos, o que fez de Isabella a mais velha de 21 irmãos, meio-irmãos e irmãos de criação. Não surpreende que ela tenha se tornado "especialista" em economia doméstica.

Isabella foi educada em Heidelberg, centrando os estudos em música e idiomas. Nessa cidade ela também descobriu um talento para a pastelaria, que continuou a praticar para um confeiteiro de Epsom quando voltou para lá em 1854.

Em 1856, Isabella casou-se com Samuel Orchart Beeton, um editor de livros e revistas que previamente havia alcançado sucesso com a publicação do livro *A cabana do pai Tomás*, da abolicionista Harriet Beecher Stowe. Entre as publicações de Samuel, havia uma revista mensal, a *English Woman's Domestic Magazine*, vendida por dois centavos. A senhora Beeton imediatamente tornou-se ativa nos negócios do marido e, em 1859, era "editora" do *Domestic Magazine*. Ela foi uma grande inovadora: voltou de uma visita a Paris com a ideia de incluir em cada número a ilustração de um modelo e um serviço de moldes para as leitoras; durante o século seguinte essas características se tornaram um padrão nas revistas femininas.

Contudo, a realização pela qual a senhora Beeton adquiriu renome foi naturalmente o livro de administração doméstica *Mrs. Beeton's Book of Household Management*, publicado em capítulos entre 1859 e 1861 e depois como um volume ilustrado, seguido por diversas edições baratas. Na introdução do livro, a senhora Beeton estabelecia sua plataforma: "Sempre pensei que não há fonte mais fértil de insatisfação familiar que uma esposa que cozinha mal e não cuida da casa." Dirigido à emergente classe média vitoriana, esse livro era muito mais que uma coletânea de receitas; cobria todos os aspectos da esfera doméstica, inclusive orçamento, administração dos empregados, etiqueta (sobre a lavanda: "Os franceses e outros europeus têm o hábito de gargarejá-la, mas esse é um costume que nenhuma dama inglesa jamais deveria imitar"), higiene, vestuário, primeiros socorros, criação dos filhos e até mesmo questões legais referentes a compra de casa, arrendamento, locação e seguro de propriedades, além da elaboração de um testamento. *Household Management* é um trabalho monumental que hoje nos mostra uma imagem fascinante da vida de uma mulher da classe média vitoriana; porém, para o pensamento de suas leitoras originais, principalmente as recém-casadas, esse livro deve ter sido um guia absolutamente indispensável para dirigir todos os aspectos da vida diária.

Enquanto compilava essa obra, Isabella deu à luz quatro filhos, dois dos quais morreram, um no primeiro ano de vida e o outro aos 3 anos. Isabella morreu de peritonite e febre puerperal oito dias depois de dar à luz o quarto filho, Mayson, em fevereiro de 1865; ela tinha apenas 28 anos de idade. Samuel viveu apenas 12 anos mais que ela, morrendo de tuberculose aos 47 anos. Deve ter sido para ele motivo de imensa tristeza, além da morte dos dois primeiros filhos, o fato de que essa parceria feliz e imensamente produtiva com a esposa tenha durado apenas oito anos e meio.

Para Sam Beeton
Epsom, em 26 de maio de 1856

Meu querido Sam,

Como duas ou três pequenas questões em tua nota de ontem me causaram grandes dúvidas, pensei em escrever-te e pedir uma explicação; dirás que é muita idiotice da minha parte, já que vou ver-te na manhã de quarta-feira. Sem dúvida, pensarás que eu poderia muito bem fazer essas perguntas em pessoa nessa ocasião, em vez de perturbar-te com uma das minhas epístolas incompreensíveis...

Em segundo lugar, que direito tem ele de conjurar em seu cérebro fértil coisas tão desagradáveis quanto arestas agudas que devem ser suavizadas quando existe alguém que o ama mais e com mais carinho que jamais um ser humano teve por outro, pelo menos nesta terra.

Ó, Sam, penso que é tão errado imaginares coisas tão horríveis. Também dizes que não me julgas capaz de me guiar quando sou deixada por minha própria conta. Devo dizer: sempre levei em consideração e respeitei meu pai e minha mãe e talvez tenha dado muita atenção às opiniões deles (quero dizer, com respeito a certas questões), mas dentro de muito pouco tempo terás a completa administração da minha pessoa e posso garantir que encontrarás em mim uma aluna muito dócil e obediente.

Por favor, não imagines que quando eu for tua as coisas continuarão como são hoje. Deus me livre. Seria melhor dar um fim a essa questão se julgas haver a menor possibilidade *disso*. Portanto, por favor, não temas por nossa futura felicidade.

Olha as coisas de um ponto de vista mais otimista e não tenho dúvida de que com o amor que, *tenho certeza*, existe entre nós, nos sentiremos muito bem e à vontade, com apenas uma aresta ocasional a suavizar e não tantas quanto imaginas.

Eu não conseguiria dormir se não te escrevesse, portanto deves desculpar essa tolice. Boa noite, meu amorzinho, que os anjos te guiem e cuidem de ti, e só te deem sonhos agradáveis sem cores mortiças. Recebe o mais profundo e sincero o amor de tua

Bella

Queima esta carta assim que lê-la.

Mary Wyndham (Lady Elcho)
1862-1937

MARY WYNDHAM NASCEU EM BELGRÁVIA, um distrito de Londres, numa família aristocrática e artística; seu pai era mecenas dos pré-rafaelitas, e a casa da família vivia cheia de pintores, poetas e escritores. Mary foi educada em casa por uma governanta. Em 1883, a jovem extraordinariamente bonita (ela foi retratada por Edward Poynder e John Singer Sargent) foi convencida pela família a casar-se com Hugo Richard Charteris, lorde Elcho. Charteris era sedutor, porém perdulário; o casamento não foi feliz e muitas vezes Mary foi deixada só com os filhos — sete crianças nascidas entre 1884 e 1902. No entanto, embora não tenha se apaixonado por Hugo, ela amou a casa que o sogro deu ao casal como presente de casamento: Stanway, em Gloucestershire, uma linda mansão jacobiana revestida de pedra de Cotswold cor-de-mel, cercada por um parque magnífico que abrigava um jardim aquático do século XVIII e um celeiro do século XIV. Mary foi uma das mais famosas anfitriãs de seu tempo — a casa tornou-se o centro de todo tipo de reunião, mas foi principalmente o quartel-general de um grupo conhecido como "as Almas". Sendo em alguns aspectos precursor do grupo de Bloomsbury, as Almas evitavam os passatempos usuais da aristocracia — caminhar pelo campo atirando em coisas vivas e ter um interesse fanático por corridas de cavalos —, dando preferência à conversação, à música e aos jogos de palavras. Um de seus principais luminares era Arthur Balfour, um membro conservador do Parlamento britânico, que mais tarde foi primeiro-ministro.

Balfour nunca se casou e não parece ter tido um interesse especial por sexo. No entanto, o filósofo-político apático, intelectual e em geral pouco comunicativo encontrou em Mary alguém a quem fazer confidências; ela, por sua vez, encontrou a alma irmã que o marido evidentemente não era. Margot Asquith, uma das Almas, afirmava que Balfour nunca amou ninguém, citando como prova a resposta dele quando ela lhe perguntou se ele se importaria se Mary, ela mesma e outra de suas amigas morressem: "Eu me importaria se todas vocês morressem no mesmo *dia.*"

A amizade e a correspondência entre Mary e Balfour duraram quase quarenta anos, até a morte dele, em 1930. Ela era, evidentemente, uma mulher cheia de energia e sagacidade, tendo passado a maior parte da vida presa a um casamento sem amor, embora em 1895 tenha se lançado numa aventura no Egito onde teve um caso com o explorador Wilfrid Scawen Blunt e de onde voltou grávida. O marido recebeu a criança como se fosse sua, de acordo com o costume aristocrático da época. Em 1914, Hugo herdou do pai o título e uma grande propriedade em East Lothian, para onde se retirou, passando a levar uma vida esplendorosa com a amante. Mary só conseguiu permanecer em Stanway graças à caridade do dramaturgo James Barrie. Ela perdeu dois filhos na Primeira Guerra Mundial e, a título de memorial, escreveu *A Family Record*, uma biografia da família publicada em 1932. Mary Charteris terminou seus dias em Stanway e morreu em um asilo próximo, em 1937.

༺ ༺ ༺

Para Arthur Balfour
Carta escrita em um trem entre Oxford e Warwick
19 de janeiro de 1904

Fui dominada pela depressão ao deixar-te no domingo à noite e penso que também parecias muito triste, o que me foi de grande consolo — isso parece falta de consideração. Foi horrível ter de partir àquela hora, porém era praticamente inevitável, portanto, "não há nada a lamentar" *naquele* sentido (essa é uma frase de Whitt) a não ser que precisava ser feito, e acho que fui muito esperta por organizar tudo tão bem e conseguir chegar a ti — vês? Achei que era meu dever colocar-te em *teu lugar* (de joelhos a meus pés) e, isso, orgulho-me de ter alcançado plenamente. Domingo foi um pouco decepcionante porque, embora minha consciência quisesse que tu fosses à igreja, eu *teria* apreciado me divertir um pouco contigo pela manhã. Eu estava muito animada e cheia de más intenções quando entrastes apressado; (a propósito, que coisa *horrível* teres deixado minha carta em teu quarto), então, veio a longa caminhada e uma hora em teu quarto pareceu muito pouco para um dia inteiro e ela foi desperdiçada falando de negócios. Gosto de ter duas horas: uma para as coisas tediosas e outra para colocar-te em teu lugar; sei que me demoro demais em cada uma dessas coisas e quanto mais sinto que estás entediado, mais devagar prossigo, o que é bastante errado. Detesto ter pressa, mas deveria fazê-lo, já que o tempo é curto. Então, o intervalo entre o chá e o jantar e a partida foram árduos porque senti que queria ver-te a sós e fiquei *me perguntando* se isso seria possível e, com certeza, não seria, a menos que eu tivesse marcado com antecedência — é impossível obter tua atenção, pensei que poderias mostrar-me alguma coisa ou pegar alguma coisa em teu quarto. Por fim, desisti, e meu estado físico e mental murchou como um balão furado. Sentia um pouco da minha dor no flanco. A viagem de carro foi muito agradável, mas não era muito bom estar *indo embora*. Dei uma gorjeta para Mills...

Gostaria de ter um carro. Esqueci de dizer-te que terça-feira, dia 6, será a melhor data para mim: gostaria de uma semana inteira em Stanway, mas deves decidir pelo que for do teu agrado.

Até mais. Deus te abençoe.

ME

Espero que estejas bem. Destrói [esta carta].

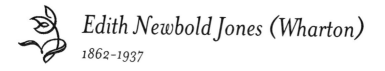

Edith Newbold Jones (Wharton)
1862-1937

EDITH WHARTON, nascida Edith Newbold Jones, pertencia a uma proeminente família da sociedade de Nova York. A família fez fortuna com navegação, bancos e imóveis. Edith cresceu em um grande sobrado de arenito na rua 23, junto à Park Avenue, e foi educada por governantas e leituras na biblioteca do pai. Ela parece ter nascido com talento para contar histórias e, aos 15 anos, escreveu o primeiro romance, que nunca foi publicado.

Sua mãe, Lucretia, uma decana na alta sociedade de Nova York, queria muito que essa filha inteligente e culta encontrasse marido; em 1885, Edith casou-se com Edward "Teddy" Robbins Wharton, um amigo do irmão dela. Sendo natural de Boston, Teddy compartilhava do estilo de vida de riqueza e lazer da família da nova esposa, mas infelizmente não tinha nada em comum com ela em termos de temperamento e interesses.

A luta de Edith Wharton para harmonizar sua condição de matrona da sociedade com o impulso criativo fez com que depois de um assomo juvenil de produtividade ela não criasse mais nenhuma obra de ficção até os

38 anos. Nesse intervalo, suas viagens anuais à Europa serviram-lhe de inspiração para escrever sobre arte, arquitetura, jardins e decoração de interiores. Seu primeiro livro publicado foi *The Decoration of Houses*, em coautoria com o designer Ogden Codman; o livro propõe um estilo mais contido, simples e classicamente elegante do que a moda dominante na época: móveis imensos, cores escuras e profusão de objetos.

Em 1905, foi publicado seu primeiro sucesso editorial, *The House of Mirth*, sobre a sociedade da velha Nova York em que ela cresceu. Nessa época, Edith estava vivendo a maior parte do ano no oeste de Massachusetts, em uma vila clássica projetada por ela mesma e denominada the Mount, enquanto Teddy parecia ser cada vez mais vitimado pela doença mental. Segundo uma amiga da escritora: "O impulso maníaco do Sr. Wharton o leva a comprar casas e automóveis para atrizes de cabaré, alugar grandes suítes em hotéis, ficar bêbado e quebrar toda a mobília, além de divulgar histórias horríveis sobre a esposa."

Em 1907, Henry James, que se tornou amigo íntimo de Edith, apresentou-a a Morton Fullerton, um bostoniano que era correspondente do *London Times* em Paris. Ela apaixonou-se por ele e mudou-se para Paris. Mais uma vez, Edith havia escolhido mal; Fullerton era um bissexual divorciado que estava sendo chantageado por uma ex-amante por conta de seu passado homossexual, além de estar envolvido num caso quase incestuoso com uma prima que foi criada na casa dos pais dele. O péssimo comportamento de Teddy pelo menos podia ser desculpado pela doença mental; Fullerton parece ter sido apenas um oportunista, um exemplo vivo da palavra "canalha". O caso entre Edith e Fullerton passou por altos e baixos até 1911. Possivelmente, ao perceber que Edith estava tratando de se divorciar do marido cada vez mais lunático, Fullerton tenha preferido se afastar.

Pelo restante da vida, Edith viveu na França. Ela recebeu a Ordem Nacional da Legião de Honra por sua atuação durante a guerra levantando fundos e criando abrigos para refugiados franceses e belgas e trabalhando como correspondente de guerra, mandando notícias da frente de batalha para os Estados Unidos. Em 1921, ela recebeu o Prêmio Pulitzer pelo romance *A época da inocência* e em 1923 recebeu um doutorado honorário em letras pela Universidade de Yale. Em 1930, foi eleita para a Academia Americana de Artes e Letras. Edith morreu em 1937 em sua casa em Pavillon Colombe, ao norte de Paris. Ela é muitas vezes descrita como uma "romancista da sociedade" ou "romancista de costumes" — definições que guardam uma conotação pejorativa. Ela era uma escritora incrivelmente astuta, de mente aberta, com uma capacidade minuciosa para diagnosticar a falibilidade humana e cujos temas e interesses iam muito além dos salões da velha Nova York.

ℛ ℛ ℛ

Para W. Morton Fullerton
Rue de Varenne, 58, março de 1908

Querido, por favor, lembra-te de como espero impaciente e ansiosa para saber das consequências da carta de Bell...

— Sabes o que eu pensava a noite passada, quando me perguntaste e não fui capaz de responder? Acontece que a forma como levas a vida emocional, enquanto eu — *bien malgré moi** — açambarco a minha, é o que cria esse grande fosso entre nós e nos deixa não só em praias opostas, mas também em pontos miseravelmente distantes de nossas respectivas praias... Entendes o que quero dizer?

E tenho tanto medo de que os tesouros que desejo entregar-te e me vieram de ilhas encantadas em navios mágicos sejam para ti apenas o velho e trivial morim vermelho e as contas com que os mercadores espertos negociam em todas as latitudes, eles que sabem exatamente o que levar nos porões do navio para agradar ao nativo simplório — tenho tanto medo disso que com muita frequência escondo meus tesouros brilhantes de volta na caixa para evitar ver-te rir-se deles!

---

* Em francês: "muito a contragosto." [N. da T.]

Bem! E se te rires? Serás *tu* quem perderá no fim das contas! E se não podes entrar na sala sem que eu sinta uma chama percorrer meu corpo; e se, quando me tocas, um coração bate sob teu toque; e se, quando me abraças, não digo nada, é porque todas as palavras em mim parecem transformadas em pulsações selvagens e todos os meus pensamentos são uma grande mancha dourada — por que eu deveria ter medo de ver-te rir-se de mim, se consigo transformar contas e morim em tanta beleza...?

Rosa Luxemburgo
1871-1919

ROSA LUXEMBURGO NASCEU EM ZAMOSC, perto de Lublin, na região da Polônia controlada pela Rússia. Ela foi a quinta filha de um comerciante de madeira. Foi educada na Polônia e, em 1886, entrou para o Partido Proletário Polonês. Em 1889, já era uma ativista política tão famosa que foi obrigada a fugir da Polônia para Zurique, na Suíça, para não ser presa. Rosa continuou os estudos na Universidade de Zurique, completando o doutorado em 1898. Foi lá que ela conheceu Leo Jogiches, com quem fundou o Partido Socialdemocrata do Reino da Polônia. Rosa e Leo tiveram um prolongado caso de amor, mas nunca chegaram a viver juntos. Para ambos, a política era mais importante que a felicidade doméstica.

Em 1898, Rosa casou-se com Karl Lübeck, filho de um amigo, como forma de mudar-se para Berlim. As duas principais vertentes de seu pensamento político podem ser identificadas como um ceticismo sobre o sentimento nacionalista — sua causa era a revolução socialista por toda a Europa, e não uma ação isolada de cada nação — e a convicção de que a revolução, e não a reforma, era a única maneira de libertar as massas.

Uma vez na Alemanha, Rosa tornou-se militante contra o militarismo e o imperialismo alemães e passou a ter problemas constantes com as autoridades, muitas vezes por incitar as massas à greve. Em junho de 1916, quando tentava comandar uma greve pela paz, foi presa e encarcerada por dois anos e meio. Quando a contragosto as autoridades a libertaram, em 1918, ela e seus camaradas imediatamente fundaram o Partido Comunista Alemão e um jornal chamado *Bandeira Vermelha*. Em janeiro de 1919, em meio ao caos revolucionário em Berlim, Rosa foi presa pelo chamado Freikorps, um grupo de paramilitares associados aos movimentos direitistas que estavam começando a ganhar força. Ela foi levada para um hotel e espancada até ficar inconsciente; então, seu corpo foi lançado no canal Landwehr. Seu assassinato foi descrito como o primeiro triunfo da Alemanha nazista.

A carta a seguir, dirigida a Leo Jogiches, contém o que pode ser visto como uma das expressões de sentimentos mais tocantes (e, cabe dizer, das mais divertidas) nesta coletânea: ao agradecer a Leo o presente de um livro, Rosa escreve: "Não podes imaginar como me agradou tua escolha. Ora, Rodbertus é simplesmente o meu economista favorito." (O tema principal de Rodbertus foi a teoria do valor-trabalho.) Isso pode mostrar como o relacionamento entre Luxemburgo e Jogiches nunca foi a principal prioridade para os dois, apesar do amor que possam ter compartilhado.

Para Leo Jogiches, 6 de março de 1899

Beijo-te mil vezes pela carta e pelo presente, tão apreciados, embora eu ainda não o haja recebido... Não podes imaginar como me agradou a tua escolha. Ora, Rodbertus é simplesmente o meu economista favorito e sou capaz de lê-lo mil vezes apenas pelo prazer intelectual... Meu querido, como fiquei encantada com tua carta! Eu a li seis vezes, do começo ao fim. Então, estás contente comigo. Escreves-me que talvez dentro de mim eu só saiba que em algum lugar existe um homem que me pertence! Não sabes que em tudo que faço tenho-te em mente: quando escrevo um artigo, meu primeiro pensamento é — será que irá te dar prazer? —, e quando, em certos dias, duvido da minha força e não consigo trabalhar, só temo o efeito que isso terá sobre ti, que poderás ficar desapontado. Quando tenho provas de um sucesso, como receber uma carta de Kautsky, isso é apenas um tributo que te presto. Juro-te pelo amor que tenho à minha mãe que pessoalmente não dou importância ao que Kautsky escreve. Só fiquei feliz porque escrevi com teus olhos e senti quanto prazer meus escritos te dariam.

... Só uma coisa diminui minha satisfação: os aspectos externos de tua vida e de nosso relacionamento. Sinto que logo terei uma posição tão consolidada (moralmente) que poderemos viver juntos tranquilos e abertamente como marido e mulher. Tenho certeza de que também pensas assim. Estou feliz por saber que está chegando ao fim teu problema de cidadania e que estás trabalhando com energia em teu doutorado. Posso sentir por tuas cartas recentes que estás com muita disposição para esse trabalho...

Pensas que não percebo teu valor? Toda vez que sou convocada para a luta, sempre estás a meu lado com ajuda e encorajamento — esquecendo todas as discussões e toda a minha desatenção!

... Não fazes ideia da alegria e do anseio com que espero cada carta tua, porque cada uma delas me traz muita força e felicidade, estimulando-me a viver.

O que me deixou mais feliz foi a parte da carta em que escreves que somos jovens e ainda podemos organizar nossa vida pessoal. Oh, querido, como desejo que possas cumprir tua promessa... nosso próprio quartinho, nossos móveis, uma biblioteca para nós, trabalho calmo e regular, caminhadas juntos, uma ópera de vez em quando, um pequeno — muito pequeno — círculo de amigos íntimos que possamos de vez em quando convidar para jantar, todo ano uma viagem de verão para o campo durante um mês, mas, definitivamente, sem trabalhar!... E talvez até mesmo um pequenino, um filhinho muito pequeno? Será que isso nunca será permitido? Nunca? Querido, sabes quem se aproximou de mim ontem, durante uma caminhada pelo parque — sem nenhum exagero? Um garotinho de 3 ou 4 anos, com um traje bonito e cabelos louros; ele me olhou, e subitamente senti uma necessidade incontrolável de sequestrar aquela criança e correr para casa com ela. Oh, querido, será que nunca terei um filho meu?

E em casa nunca mais iremos discutir, não é mesmo? Ela deve ser silenciosa e tranquila como a de todo mundo. Só tu sabes o que me preocupa: já me sinto tão velha e não sou nada atraente. Não terás uma esposa bonita quando passeares de mãos dadas com ela pelo parque — ficaremos bem longe dos alemães... Querido, se, primeiro, resolveres o problema de tua cidadania, em seguida teu doutorado e por fim viveres comigo abertamente em nossa própria casa e trabalhares comigo, então, não sentiremos falta de mais nada! Nenhum casal na Terra tem tantos recursos para a felicidade como nós, e se tiveres apenas um pouco de boa vontade, seremos, teremos de ser felizes.

Imperatriz Alexandra da Rússia
1872-1918

ALEXANDRA ERA FILHA DA PRINCESA ALICE, a segunda filha da rainha Vitória, e do príncipe Louis do Grão-ducado de Hesse. A princesa Alice era enérgica e vanguardista, uma grande praticante da filantropia com especial interesse na formação e no treinamento das mulheres. Ela morreu de difteria após visitar um hospital quando Alexandra tinha apenas 6 anos.

Alexandra e Nicolau, o czarevitch da Rússia, se apaixonaram apesar da oposição tanto da rainha Vitória quanto do czar, pai de Nicolau. No entanto, como a saúde do czar inspirava cuidados, as objeções acabaram por ser superadas. O soberano da Rússia morreu em 1º de novembro de 1894; no mesmo mês, Nicolau e Alexandra se casaram, e ela se tornou czarina. Porém, a vida na corte russa se revelou problemática. A população suspeitava de que a soberana favorecesse a Alemanha, o que se tornou um problema ainda mais grave com o início da Primeira Guerra Mundial. A nobreza achava que a czarina não era bastante nobre para se tornar imperatriz; a sogra, a imperatriz viúva, fazia o possível para sabotar a nora, inclusive criticando abertamente o fato de que, em dez anos de casamento, Alexandra só houvesse produzido filhas. Finalmente, em 1904, a czarina deu à luz Alexei, o czarevitch. A alegria e o alívio da imperatriz devem ter-se transformado em angústia quando percebeu que o filho havia herdado a hemofilia, na época uma doença geralmente fatal. Deve ter sido ainda mais difícil suportar a situação sabendo que a doença vinha do seu lado da família — a rainha Vitória era portadora.

Desesperada com a saúde frágil do filho, sendo os médicos incapazes de ajudar, Alexandra voltou-se para uma série de curandeiros, videntes e místicos, dos quais o mais famoso foi Rasputin, uma espécie de monge não ordenado, com um passado duvidoso e sem credenciais. As fotografias mostram um homem de meia-idade, de cabelos oleosos e longa barba, numa pose quase religiosa, aparentemente convencido de que uma expressão facial alucinada, com o olhar fixo, era a marca do verdadeiro místico. Se possível, Rasputin tornou-se para as massas e a nobreza ainda mais impopular que a própria Alexandra e foi morto por um grupo de cortesãos em 1916.

Se levássemos em conta alguns relatos sobre o relacionamento de Alexandra com esse charlatão, poderíamos pensar que ela foi a única responsável pela Revolução Russa. No entanto, em 1917 o país estava de joelhos: a fome era generalizada, uma guerra malconduzida se arrastava, os soldados abriam fogo contra os manifestantes e o czar, com apoio total de Alexandra, como se vê nas cartas, recusava-se a contemplar qualquer tipo de reforma constitucional. Depois da revolução de fevereiro, Nicolau foi forçado a abdicar. Ele e a família foram mantidos prisioneiros pelos bolcheviques em diversos lugares e finalmente levados para uma casa em Ekaterimburgo, nos Urais. Lá, na madrugada de 17 de julho de 1918, toda a família e os três empregados foram retirados dos quartos de dormir pelos guardas e levados para o porão onde, em um sangrento caos de tiros e baionetas, foram todos mortos.

Para o czar Nicolau II

Querido amor, meus telegramas não podem ser muito calorosos, pois passam por muitas mãos militares, mas poderás ler nas entrelinhas todo o meu amor. Amado, se de alguma forma não te sentires bem, por favor, não deixes de chamar Feodorov — e fica de olho em Fredericks.

Minhas preces mais fervorosas te seguirão dia e noite. Confio-te à proteção de Deus — que ele te guarde, guie e dirija e traga de volta em segurança e saúde.

Abençoo-te e amo-te como poucas vezes um homem foi amado — beijo cada adorado pedacinho e te aperto ternamente contra meu coração.

Para sempre tua. Tua velha

Mulherzinha

A Imagem passará esta noite embaixo do meu travesseiro, antes que eu a envie a ti com fervorosas bênçãos.

Para o czar Nicolau II
Tsarskoje Selo, 4 de dezembro de 1916

Meu preciosíssimo,

Adeus, meu doce amor!

Deixar-te me causa grande dor — pior que nunca, depois dos tempos difíceis que estivemos vivendo e atravessando. Mas Deus, que é todo amor e caridade, permitiu que as coisas mudassem para melhor — só é preciso um pouco mais de paciência e mais fé nas preces e na ajuda de nosso amigo — então, tudo irá bem. Estou totalmente convencida de que estão chegando tempos grandiosos e belos para teu reino e para a Rússia. Basta que mantenhas a esperança e não permitas que conversas e cartas te abatam o ânimo. Deixa essas coisas passarem como algo impuro que deve ser esquecido sem demora.

Mostra a todos que és o Senhor, e tua vontade será obedecida — foi-se o tempo para grande indulgência e gentileza — agora começa teu reino de decisão e poder, e eles serão obrigados a curvar-se diante de ti e obedecer a tuas ordens e trabalhar da forma como e com quem desejares — é preciso ensinar-lhes obediência, eles não conhecem o significado dessa palavra, tua bondade e teu perdão os tornaram mimados.

Por que as pessoas me detestam? Porque sabem que tenho uma vontade firme e quando estou convencida de que algo é correto (e ademais é abençoado por *Gregori*), não mudo de opinião, e elas não toleram isso. Porém, esses são os maus.

Lembra-te das palavras do Sr. Phillips quando me deu a imagem com o sino. Como eras tão bom, confiante e gentil, era preciso que eu fosse o teu sino, aqueles que vinham com más intenções não poderiam se aproximar de mim, pois eu te avisaria. Aqueles que me temem, que não me olham nos olhos ou que desejam fazer algum mal, nunca me apreciam. Pensa nos negros — em Orlov e Drenteln; Witte; *Kokovtzev*; *Trepov*, também o sinto, *Makarov*; *Kaufmann*; *Sofia Ivanovna*; *Mary*; *Sandra Oblensky* etc., no entanto, os que são bons e puramente devotados a ti - esses me amam. Pensa nas pessoas simples e nos militares. Os bons e os maus religiosos, isso é tão visível, portanto, não me ferem mais como faziam quando eu era mais jovem. Apenas quando alguém se permitir escrever para ti ou para mim cartas desagradáveis e impertinentes — deves puni-los.

Ania me falou de *Balaschov* (de quem jamais gostei). Entendo por que vieste tão tarde para a cama e por que fiquei tão ferida e ansiosa ao escrever. Por favor, amorzinho, diz a Frederiks para escrever-lhe uma forte *reprimenda* (ele e *Nicolai Mikhailovitch* e Vass são como um só — ele tem uma posição tão elevada na corte e ousa escrever sem convite). E não é a primeira vez — lembro-me de que ele fez isso no passado. Rasga a carta, mas manda que ele seja firmemente censurado — diz a *Voyeikov* para lembrar ao velho —, tal castigo a um arrogante membro do Conselho do Império será muito útil.

Não podemos deixar que nos espezinhem. Firmeza acima de tudo! Agora que fizeste o filho de *Trepov* ajudante de ordens, podes insistir ainda mais para que ele trabalhe com *Protopopov*, o pai deve provar gratidão. Lembra-te de proibir *Gurko* de falar e se envolver em política — isso arruinou *Nikolasha* e Alexeiev. Deus mandou a este sua doença claramente para salvar-te de um homem que estava perdendo a direção e te prejudicando por dar atenção a cartas e pessoas más, em vez de ouvir tuas ordens sobre a guerra e por ser obstinado. E alguém o predispôs contra mim — prova: o que ele disse ao velho Ivanov.

Porém, logo tudo isso será passado, as coisas estão melhorando e o tempo também, o que é um bom sinal, não te esqueças.

E nosso querido amigo está rezando muito por ti — um homem de Deus junto a nós nos dá a força, a fé e a esperança de que tanto necessitamos. E os outros não conseguem entender tua grande tranquilidade e, portanto, julgam que não entendes e procuram te debilitar, assustar e provocar. Mas logo eles se cansarão disso.

Se minha querida mãe escrever, lembra-te de que os Michels estão por trás dela. Não te incomodes nem leves a sério — graças a Deus ela não está aqui, mas pessoas boas são capazes de escrever e prejudicar. Tudo está melhorando — os sonhos do nosso amigo significam muito. Amor, vai até a virgem de *Moghilev* buscar paz e força — vai depois do chá, antes de receber, leva o bebê contigo, tranquilamente — é tão calmo lá — e poderás acender tuas velas. Deixa o povo ver que és um soberano cristão e não te envergonhes — mesmo um exemplo como esse ajudará os outros.

Como serão as noites solitárias? Não consigo imaginá-lo. O conforto de apertar-te em meus braços... amorteceu a dor da alma e do coração, e eu tentei colocar todo o meu infinito amor, minhas preces e minha fé e força em minhas carícias. És tão indizivelmente precioso para mim, marido do meu coração. Deus te abençoe e abençoe meu bebê precioso — cubro-vos de beijos; quando sentires tristeza, vai para o quarto do bebê e senta-te ali um pouco em silêncio, com aquelas boas pessoas. Beija a querida criança e te sentirás reconfortado e calmo. Mando-te todo o meu amor, sol da minha vida.

Dorme bem, meu coração e minha alma estão contigo, minhas preces te envolvem — Deus e a Virgem Santa nunca te abandonarão...

Sempre muito, muito,

TUA

Katherine Mansfield
1888-1923

O NOME DE NASCIMENTO DE KATHERINE MANSFIELD era Kathleen Beauchamp. Ela nasceu em Wellington, na Nova Zelândia, descendente de ingleses, filha de um bem-sucedido industrial que venceu por esforço próprio. Ele e a mulher eram financeira e socialmente ambiciosos. Kathleen foi a terceira filha; a ela se seguiram mais duas filhas e um filho, Leslie.

Em 1903, Katherine (que mudou de nome nessa época) e as duas irmãs mais velhas foram mandadas para a Europa, para "completar a educação"; elas foram para uma escola progressista em Londres, onde teve início uma amizade para toda a vida entre Katherine e outra aluna, Ida Baker. Katherine editou a revista da escola e passou férias em Paris e Bruxelas. Ela voltou para a Nova Zelândia em 1906, mas fez o possível para obter permissão de voltar a Londres. Depois que ela começou um caso de amor com uma jovem pintora, os pais cederam e em 1908 ela partiu da Nova Zelândia para sempre.

O ano seguinte à chegada de Katherine a Londres foi caótico e teve repercussões para o resto da vida da escritora. Apaixonada por um conterrâneo, um músico chamado Garnet Trowell, e querendo ficar junto dele, ela entrou para uma companhia de ópera itinerante (pois era uma excelente violoncelista) e ficou grávida. Ao descobrir sua condição, Katherine deixou a companhia e se casou com George Bowden, um respeitável professor de canto dez anos mais velho. Imediatamente após a cerimônia, ela fugiu e se refugiou junto à amiga Ida. A mãe de Katherine cruzou meio mundo para investigar a situação e, após submeter a família de Ida a um sermão sobre os perigos do lesbianismo, levou a filha para um spa na Alemanha, onde a jovem sofreu um aborto. A Sra. Beauchamp não teve escrúpulos e abandonou a filha, voltando para Wellington, onde imediatamente a deserdou.

A jovem só conseguiu voltar a Londres depois que Ida pagou sua passagem de volta da Alemanha. Nesse ínterim, Ida havia começado um romance com um polonês chamado Floryan Sobienowski, com quem planejava se casar em Paris. O plano foi engavetado quando Katherine ficou muito doente com uma gonorreia não tratada que exigiu uma cirurgia e acabou com suas chances de algum dia ter filhos.

Um aspecto frutífero da permanência forçada de Katherine na Alemanha foi a coletânea de contos *Numa pensão alemã*, que atraiu atenção favorável quando foi publicada em 1911 e fez com que a autora conhecesse John Middleton Murry, o editor de uma revista de vanguarda chamada *Rhythm*. Os dois, de certa forma, montaram casa e passaram os quatro anos seguintes vivendo entre Londres e Paris, fugindo dos credores, editando a revista e fazendo amizade com um círculo de escritores e artistas que incluía D.H. Lawrence e sua amante e mais tarde esposa, Frieda Weekley. Nesse período, Katherine não produziu nenhum trabalho, e em 1915 partiu por conta própria para Paris, onde manteve um romance com um escritor francês e começou a trabalhar naquela que é provavelmente sua obra mais famosa: "Prelúdio." Ela voltou para Murry em maio. Em outubro, seu irmão Leslie, que havia se alistado no Exército e lutava na França, foi morto. Desolada, Katherine insistiu em viajar pelo país assolado pela guerra. Murry se reuniu a ela pouco depois. Um período de relativa tranquilidade e de trabalho produtivo no sul da França chegou ao fim quando os Lawrence os convidaram para ir para Zennor, na Cornualha, para participar de uma experiência de vida em comunidade que durou apenas algumas semanas, o que era previsível tendo em vista os temperamentos envolvidos.

No início de 1918, Katherine recebeu o diagnóstico de tuberculose e foi se tratar na França, na companhia de Ida, voltando a Londres em março porque finalmente foi encerrado seu processo de divórcio de Bowden, e ela estava livre para casar-se com Murry, o que aconteceu no dia 3 de maio. No entanto, os anos restantes da vida de Katherine foram uma sucessão de viagens entre Londres, França e Suíça, à medida que ela tentava manter a dianteira sobre a doença que, sabia, acabaria por matá-la. Ela tentou muitos tratamentos, alguns de inegável charlatanismo, outros francamente prejudiciais e, finalmente, foi repousar em Fontainebleau, nos arredores de Paris, em um estabelecimento mantido por um guru greco-armênio. Em 9 de janeiro de 1923, Murry foi autorizado a visitá-la; ela morreu na mesma tarde.

Murry tornou-se o guardião dos manuscritos de Katherine e, nos vinte anos que sucederam à morte dela, dedicou-se a editar as cartas, diários, contos e poemas que ela deixou para trás, assegurando-lhe a reputação de uma das escritoras mais influentes do início do século XX (e, devemos dizer, não se saindo mal no processo; depois de anos de amizade devotada, Ida Baker não recebeu nada).

As três primeiras cartas a seguir datam da estadia de Katherine em Paris depois de começar um romance com um escritor francês. Vistas nesse contexto, elas são fascinantes em sua aparente carência — é provável que Katherine a essa altura tenha percebido que queria voltar para casa. A última carta não é uma carta de amor, mas mostra o método dela para lidar com rivais na afeição do marido. Mesmo hoje, a fria superioridade manifestada nessa missiva é assustadora.

❧ ❧ ❧

Para John Middleton Murry
Paris, 19 de março de 1915

Esta noite meu amor por ti é muito estranho. Não o submetas à psicanálise. De repente, eu te vi deitado numa banheira de água quente, piscando para mim — teu belo corpo sedutor semissubmerso. Sentei-me na borda da banheira, de combinação, esperando para entrar. Tudo no ambiente estava úmido de vapor, era noite e estavas bem letárgico. "Tig, joga-me essa esponja." Não, *não* vou pensar em ti dessa maneira. Vou trincar os dentes e ficar surda a meu coração. Ele começa a chorar como uma criança numa sala vazia e a bater na porta e a dizer: "Jack, Jack — Jack e Tig." Vou melhorar quando receber uma carta.

Ah, meu Deus, como posso amar-te tanto! Eu te amo muito mais do que me amas ou tu também... sentes o mesmo?

TIG

Sábado de manhã. Acabei de sair para ver se chegou alguma carta. Eu estou bem, amado.

Para John Middleton Murry, 26 de março de 1915

Meu mais querido,

Encontro-me em tal estado de preocupação e suspense que esta noite não consigo escrever ou mandar-te nada. Quando voltei da infrutífera pesquisa por cartas, a encarregada da portaria começou uma longa história sobre uma moradora alsaciana que ontem recebeu uma carta de quatro páginas para alguém chamado Bowden.* "Hoje chegou outra" — disse ela — "Eu a devolvi para o carteiro." Fiquei literalmente aos berros. Eu havia *escrito* esse nome para ela, e ela, se esqueceu completamente, pensando em mim somente como Mansfield. Desde então simplesmente corro de um posto do correio para o outro. A alsaciana não está. Agora estou à espera dela e do carteiro. Meu coração agoniza de terror em meu peito quando penso que uma carta tua pode ser perdida. Eu simplesmente não existo. Suponho que exagero, mas preferiria me atirar no Sena ou me deitar na linha férrea a perder uma carta. Sabes, diabinho, meu coração se limita a chorar o tempo todo, e estou assustada, desolada, incapaz de qualquer coisa.

Oh, meu precioso, meu amado Jag, perdoa a Tig esses rabiscos idiotas.

---

* Nome de casada de Katherine.

Porém, a vida não deveria pregar a mim e a ti essas peças. Eu seria capaz de *matar a porteira* — sim, com prazer. "*Une lettre d'Angleterre dans un couvert bleu.*"*

Coragem! Mas neste momento estou simplesmente correndo o mais que posso, chorando muito alto, para dentro de teus braços.

Escreverei decentemente amanhã. Esta é apenas para dizer que te amo e que és o sopro da vida para mim.

TIG

Para John Middleton Murry, 28 de março de 1915

Jack, hoje não consigo ocultar meus sentimentos. Acordei contigo em meu peito e em meus lábios. Jack, hoje te amo terrivelmente. O mundo inteiro desapareceu, só tu existes. Caminho de cá para lá, me visto, como, escrevo —, mas o tempo todo estou respirando-te. Vezes sem conta estive a ponto de telegrafar-te que voltarei para casa tão logo Kay me mande meu dinheiro. Ainda é possível que eu o faça.

> *Jack, Jack, quero voltar,*
> *E ouvir os patinhos a cantar*
> *Quack! Quack! Quack!*

---

* "Uma carta da Inglaterra num envelope azul." [*N. da T.*]

A vida seria curta demais para o nosso amor mesmo que passássemos juntos todos os momentos de todos os anos. Não consigo pensar em ti — em nossa vida, nossa querida vida — tu, meu tesouro — em tudo sobre ti.

Não, não, não. Aperta-me depressa em teus braços. Tig está cansada e chora. Eu te quero, eu te quero. Sem ti a vida é nada.

Tua mulher

TIG

Para John Middleton Murry,
Redcliffe Road, 24, Fulham, sábado à noite, 18 de maio de 1917

Meu querido

Ao encontrar estas linhas em teu caderno particular não imagines que estive invadindo tua intimidade. Sabes que não o fiz — e onde mais poderia deixar-te uma carta de amor? Pois esta noite anseio por escrever-te uma carta de amor. Estás em tudo a meu redor — parece que respiro tua pessoa — que te escuto — que te sinto em mim e por mim — O que estou fazendo aqui? Não estás, eu te vi no trem, na estação, aproximando-se, sentado à luz da lâmpada e falando, recebendo pessoas, lavando as mãos, e aqui estou, na tua tenda, sentada à tua mesa. Sobre a mesa estão algumas pétalas da trepadeira e um fósforo queimado, um lápis azul e uma cópia do *Magdeburgische Zeitung*. Sinto-me tão em casa quanto eles.

165

Quando a noite caiu, enchendo o jardim silencioso, cobrindo as janelas fechadas, teve início meu primeiro e último terror — eu fazia um pouco de café na cozinha. O medo foi tão violento, tão terrível, que larguei o bule e simplesmente corri — corri para fora do estúdio e pela rua com a bolsa sob um braço e um bloco de papel de carta e uma caneta sob o outro. Senti que se pudesse chegar aqui e encontrar a Sra. [ilegível], estaria "segura". Eu a encontrei e acendi teu lampião, dei corda em teu relógio, abri tuas cortinas e abracei teu sobretudo preto, antes de me sentar — já sem sentir medo. Não te zangues comigo, meu diabinho — *ça a eté plus fort que moi*[*]... É por isso que estou aqui.

Quando vieste para o chá esta tarde, partiste ao meio um brioche e afofaste o miolo massudo com dois dedos. Sempre fazes isso com um bolinho ou pão francês ou uma fatia de pão — é o teu jeito — a cabeça, enquanto isso, meio para o lado...

Quando abriste a mala, vi o teu velho chapéu de feltro e um livro francês e um pente todo desdentado — "Tig. Só tenho três lenços." — Por que essa lembrança me parece tão doce?...

À noite passada houve um momento antes de ires para a cama. Estavas de pé, completamente nu, um pouco inclinado para a frente, falavas. Foi só um instante. Eu te vi — eu te amei tanto — amei teu corpo com tanta ternura — ah, meu querido — e agora não estou pensando em "pai-

---

[*] Em francês: "foi mais forte do que eu." [*N. da T.*]

xão". Não, penso naquela outra coisa que me faz sentir cada centímetro de ti tão precioso para mim. Teus ombros macios — tua pele cremosa e cálida, tuas orelhas, frias como são frias as conchas — tuas longas pernas e pés que adoro abraçar com meus pés — a sensação de teu ventre — e tuas magras costas jovens — imediatamente abaixo daquele osso que se projeta na parte de trás do pescoço, tens um pequeno sinal. É em parte por seres jovem que sinto essa ternura — amo tua juventude — se eu fosse Deus, não toleraria que ela fosse tocada sequer por um vento frio.

Nós dois, tu o sabes, temos tudo diante de nós e faremos grandes coisas — tenho a mais perfeita fé em nós — e meu amor por ti é tão perfeito que fico assim como que parada, em silêncio, no fundo da minha alma. Não quero senão a ti como meu amante e meu amigo e somente a ti serei fiel.

Sou tua para sempre.

TIG

Para John Middleton Murry, domingo à noite, 27 de janeiro de 1918

Meu amor e meu querido,
Passam dez minutos das oito. Preciso dizer-te o quanto te amo aos dez minutos depois das oito da noite de domingo, 27 de janeiro de 1918.

Passei o dia todo dentro de casa (a não ser quando levei tua carta ao correio) e me sinto muito repousada. Juliette voltou de uma nova excursão ao campo com floresde-lis azuis — lembra como elas cresciam maravilhosamente naquela casinha com uma torre circular de treliças ao pé das rochas? — e todas as espécies e variedades aromáticas de junquilhos... A sala está muito quente. Tenho um pouquinho de fogo e as raras chamas baixas dançam na lenha e não se decidem a atacá-la... Passou um trem. Agora fez-se o silêncio, a não ser pelo meu relógio. Olho para o minúsculo ponteiro e penso no espetáculo que me transformarei quando realmente voltar para ti. Como me sentarei no vagão do trem, colocarei o velho relógio no colo, fingindo cobri-lo com um livro, mas sem ler nem ver, apenas açoitando o relógio com meu olhar ansioso, simplesmente fazendo-o andar mais depressa.

Esta noite, meu amor por ti é tão intenso e terno que parece estar fora de mim. Estou fechada como um pequeno lago abraçado por imensas montanhas, tu me verias lá embaixo, profunda e brilhante — e abismal, meu querido. Poderias deixar teu coração cair dentro de mim e nunca escutá-lo tocar o fundo. Te amo, te amo, boa noite.

Oh, diabinho, o que é amar assim!

Para a princesa Bibesco (nascida Elizabeth Asquith, 1897-1945, filha de Herbert Asquith e Margot Tennant, casada com um diplomata romeno 22 anos mais velho do que ela), 24 de março de 1921

Cara princesa Bibesco,
Temo que devas parar de escrever essas cartinhas de amor para meu marido enquanto ele e eu vivermos juntos. É algo que não se faz em nosso mundo.

És muito jovem. Quem sabe deves pedir a teu marido que te explique o quanto essa situação é inconcebível.

Por favor, não me faças tornar a escrever-te. Não gosto de repreender e simplesmente detesto ter de ensinar boas maneiras a alguém.

Sinceramente

KATHERINE MANSFIELD

Cartas da Grande Guerra

A Primeira Guerra Mundial durou de 1914 a 1918 e foi a primeira guerra verdadeiramente global na história, com frentes de batalha na Europa, no Oriente Médio, na África e na Ásia. O número de baixas foi assustador: em cada três famílias britânicas, uma teve um ente querido morto, ferido ou feito prisioneiro. As cartas a seguir, escritas por uma mulher de Walthamstow para o marido soldado, são notáveis pela exuberância e coragem e proporcionam uma visão da vida daqueles que foram deixados para trás.

Walthamstow E17, 17 de setembro de 1916

Meu querido e único amor,
Oh, como desejo ver teu rosto amado, a cada dia é mais forte esse desejo, parece que se passaram anos desde que estiveste aqui e apertaste a querida neném e eu em teus braços, e quando olho para fora e vejo a chuva cair, meu coração quase se parte ao pensar que estás numa barraca fria e triste enquanto estou em casa com uma boa lareira.

Ó querido, isso me parece terrível, e não fizeste nada para merecê-lo. O domingo parece igual aos outros dias, porém pior, hoje é dia 17, amor. Bem, querido companheiro, mandei-te esse pacote e espero que gostes deles, dessa vez eles são simples e também lenços e mais uma camiseta que deves desdobrar com cuidado, pois coloquei dentro uma coisinha para celebrar nosso aniversário, em vez de mandar cigarros. Bem, querido, não consigo pensar em mais nenhuma novidade neste momento, mas diz-me se precisas de alguma coisa; a propósito, queres um par de bexigas de porco para colocar nos calções, elas também servem como excelentes travesseiros, são as piores das mais baratas. Montes de amor e beijos de tua querida nenenzinha e de tua sempre amorosa e devotada mulherzinha.

25 de junho de 1917

Meu querido maridinho,
Acabo de receber tua carta de sábado. Bem, meu querido, tenho apenas algumas pequenas novidades para te contar que com certeza não gostarás de ouvir. O pobre Harry Saville se foi, recebemos a notícia de que levou um tiro no dia 10 e morreu dos ferimentos no dia 15, e eles nem foram avisados de que ele tinha sido ferido, portanto foi um choque terrível para eles, a pobre senhora S. está arrasada e o filho da senhora Styles está em Bournemouth de cama com ferimentos graves recebidos na França. Oh, queri-

do, isso parece tão terrível, se pelo menos terminasse e fosses mandado de volta para mim. Eu saberia que estavas seguro, parece que se passaram séculos desde que teu rosto querido esteve diante de mim, e quando recebemos más notícias, ficamos tão desanimados. Desculpe os rabiscos, a neném está dormindo nos meus braços e é muito difícil. Anima-te, querido, recebe todo o meu mais profundo amor e montes de beijos de teu pequeno tesouro que diz que o papai foi lutar contra os malvados alemães e ela não gosta deles. Tua sempre amorosa, saudosa e devotada esposa e Babs.

5 de novembro de 1917

Meu mais amado,

Finalmente, com a graça de Deus, recebi notícias tuas, de Durban, datadas de 19 e 20 de setembro e uma mandada do mar, as três chegaram juntas no dia 30 de outubro e também o lenço de seda, depois de longos e tristes meses de espera minha paciência foi recompensada e agradeço demais, querido, foi tão gentil da tua parte; ver tua letra querida mais uma vez foi como um tesouro escondido. Que experiência para ti, amado, e quanto terás para contar para a querida neném e para mim quando voltares mais uma vez para nós e quantas tardes nos sentaremos à luz amada do fogo ouvindo-te falar de todas as tuas viagens. Que tempo maravilhoso será esse, não nos damos conta, se pelo menos tivesse sido por outra razão, teríamos ficado muito mais felizes, mas, então, querido, é assim com essa malfadada guerra, logo eu preciso ter coragem pelo teu bem e te recompensar por tudo isso quando voltares para nós, o que eu peço a Deus que agora não demore muito, pois todos estamos cansados disso. E sua doce queridinha se junta a mim com todo o nosso maior carinho, o melhor e mais devotado amor para ti e muitos beijos ternos, espero que muito breve chegues em segurança de volta ao lar e para nós.

Bibliografia

As seguintes fontes foram de valor inestimável:

Love in Letters Illustrated in the Correspondence of Eminent Persons with Biographical Sketches of the Writers por Allan Grant, G. W. Carleton & Co., Nova York, 1867

Love Letters of Famous Men and Women, J.T. Merydew (ed.), Remington & Co., Londres, 1888

Love Affairs of Famous Men & Women, Henri Pène du Bois (ed.), Gibbings & Company, Londres, 1900

Love Letters of Famous People, Freeman Bunting (ed.), Gay and Bird, Londres, 1911

Letters of Love, Arthur L. Humphreys, Londres, 1911

Love Letters of Great Men and Women, C.H. Charles (ed.), Stanley Paul & Co., Londres, 1924

Love Letters: An Anthology from the British Isles, 975-1944, James Turner (ed.), Cassell & Company Ltd., Londres, 1970

Love Letters, Antonia Fraser (ed.), Weidenfeld & Nicolson, Londres, 1976

The Virago Book of Love Letters, Jill Dawson (ed.), Virago Press Ltd., Londres, 1994

Love Letters, Peter Washington (ed.), Everyman's Library, Londres, 1996

The Virago Book of Women and the Great War, Joyce Marlow (ed.), Virago Press Ltd., Londres, 1998

Arquivo virtual da Massachusetts Historical Society, www.masshist.org

Project Gutenberg, www.gutenberg.org

Agradecimentos

Agradeço a JB e JG e a meus amigos na Pan Macmillan. Obrigada a LG e UM e aos amigos de Little, Brown. Obrigada aos homens e às mulheres notáveis da minha família, próxima e estendida. Obrigada à equipe da British Library. E, acima de tudo, obrigada a DP, que cuidou dos serviços de apoio, o homem supremo da van, o mais amado.

Este livro foi composto na tipologia Mrs. Eaves,
em corpo 12,5 e 11,5, e impresso em papel off-white 80g/m²,
no Sistema Cameron da Divisão Gráfica da Distribuidora Record.